Here begins the New Musical Sangīt-Shrī-Satya-Narāyaṇ-Vrat-Kathā composed by Ratnākar

अथ रत्नाकररचिता नूतना सङ्गीतमया सचित्रा श्री–सत्यनारायण–व्रत–कथा ।

Sangit-Shri-Satya-Narayan-Vrat-Katha

NEW MUSICAL SANGIT-SHRI-SATYA-NARAYAN-VRAT-KATHA

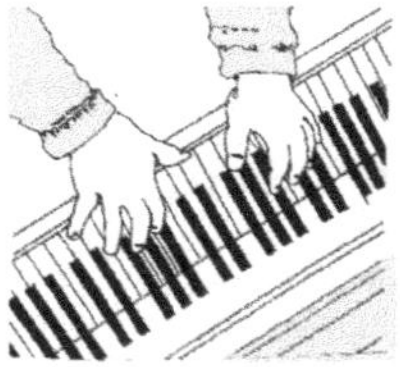

संगीत श्री-सत्यनारायण-व्रत-कथा

Interesting Stories of Shrī Satya Narayan Vrat
in Hindī-Sanskrit-English and Music.

श्री सत्यराणारायण व्रत की संगीत मय सचित्र नयी कथाएँ ।

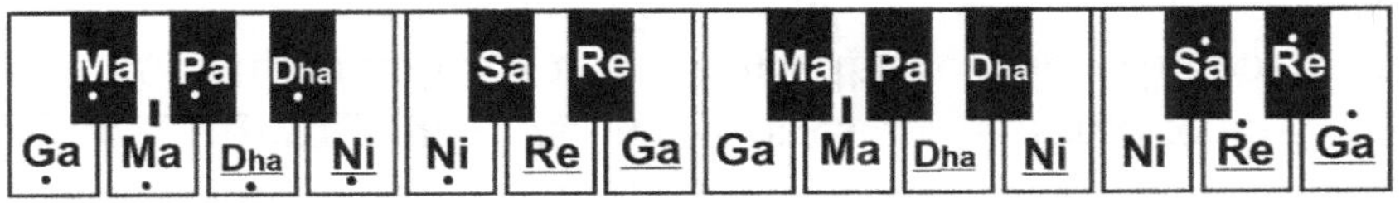

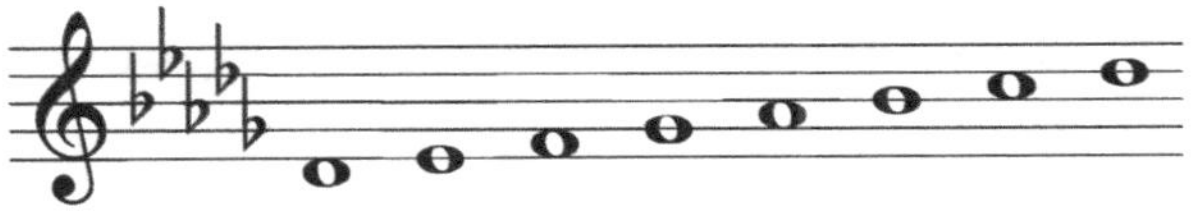

Prof. Ratnakar Narale

श्री हनुमान देवस्थान, काटोल, 1969

ABOUT THE AUTHOR :

Designer and Creator of the popular Sarasvati Font, Dr. Ratnakar Narale has Ph.D. from IIT, Kharagpur and Ph.D. from Kalidas Sanskrit University, Nagpur, India. He is a lyricist and musician. Ratnakar is Prof. of Hindī at Ryerson University, Toronto, Canada.

He has studied **Sanskrit, Hindi, Marathi, Bengali, Punjabi, Urdu** and **Tamil** languages and has written books for learning these languages. He has written excellent and unique books on Gita, Ramayana and Music. His books can be viewed at www.books-india.com and they are available **wholesale** at INGRAM and **retail** at amazon.com, barnesandnoble.com, and many other international book distributors.

His books have been applauded with TV interviews and articles by news and print media, such as ATN News Channel, OMNI News Channel, Hindi Times, The Hitwad, The Tarun Bharat, the Lokmat, The Sakal, Des Pardes, Nav Bharat Times, Sahitya Amrit, The Voice, The Indian Express, World Hindi Secretariat, Mauritius, ... etc.

He has received citations from some of the most prominent people as, **Hon. Atal Vihari Vajpai,** *Prime Minister of India;* **Hon. Basdeo Panday,** *Prime Minister of Trinidad and Tobaggo;* **Dr. Murli Manohar Joshi,** *Federal HRD Minister of India;* **Ashok Singhal,** *President, VHP, New Delhi;* etc.

His music compositions are endoresd by such great *ndian* music Maestros as *Bharat Ratna* **Dr. Ustad Bismillah Khan Trust,** New Delhi; *Padma Vibhushan* **Amjad Ali Khan,** New Delhi; *Padmashri* **Ustad Ghulam Sadiq Khan,** New Delhi; *Music Maestro* **Rashid Mustafa Thirakwa,** New Delhi; *Padmabhushan* **Ustad Sabri Khan,** New Delhi; *Padmabhushan* **Pandit Debu Chaudhuri,** New Delhi; *Puṇḍit* **Birju Mahataj,** New Delhi; etc.

NEW MUSICAL SANGIT-SHRI-SATYA-NARAYAN-VRAT-KATHA

Composition : Dr. Ratnākar Narale, Prof. Hindī, Ryerson University, Toronto.
web : www.books-india.com * email : books.india.books@gmail.com

Book Title : Sangīt-Shrī-Satya-Nārāyaṇ Vrat Kathā

The new musical Stories of Shrī-**Satya-Narāyaṇ Vrat** are composed by Ratnakar and presented along with the divine stories narrated by Bhagavan Vyas Muni, in the Reva Khand of the Skand Purāṇ.

Keeping **Vyasa Muni's writing as the ultimate truth**, the new stories are narrated to answer the readers' questions and remove their doubts, confusion and misunderstanding. While reading these stories, the readers who have already known the stories from other sources, will notice the positive difference. In the present stories, there is no fantastic or incongruous description. Care is also taken to meticulously include the contemporary finer details of each scene in each story.

While writing the stories, it is specifically understood that while giving protection, the Lord does not let any harm or destruction cause to the innocent people and their property, during the process of temporarily punishing the devotees for their good. One may find these stories a bit different at the conclusion, where the Lord restores any apparent harm caused to the people and property. For this particular good reason, my "Shrī-Satya-Nārāyaṇ Vrat Kathā" are a bit finer than you will read it anywhere else.

Graphics : Ratnakar Narale, Rajni Phansalkar

Published by : PUSTAK BHARATI (Books India),

For : Sanskrit Hindi Research Institute, Toronto, Ontario, Canada, M2R 3E4.

Volume I : ISBN 978-1-897416-83-9

books.india.books@gmail.com

ISBN 978-1-897416-83-9
90000
9 781897 416839

दादरा ताल

♫ म-ग म-म- म प-म- ग म-प-, रे-ग म-म- मध- प- मग-म- ।
रेगम-म म- म ध-प- गम-प-, रे-ग-मम म- म ध-प- मग-रे- ।।

गीत शारद ने मंजुल है गाया, साज नारद मुनि ने बजाया ।
रत्नाकर से है मंगल रचाया, व्रत कथा को है सुंदर सजाया ।।

◎*Goddess Sarasvatī is singing the celestial song in sweet melody while Shrī Nārad muni is playing the Veenā.*
Ratnākar composed the auspicious poem and beautifully adorned the stories of Shrī Satya Nārāyaṇ Vrat Katha in Rāgas and Chhandas. [1]

---

[1] ◎**Transliteration in this book :** *Please note the following ten transliterated characters used in this book :*
ā = आ, *ī* = ई, *ū* = ऊ, *ñ* = ञ, *ṭ* = ट, *ṭh* = ठ, *ḍ* = ड, *ḍh* = ढ, *ṇ* = ण, *ṣh* = ष ।

Dedicated to

My loving Grandchildren

Samay, Sahas, Saanjh, Saaya and Naksh

and their Dadi Ma and Nani Ma

Sunita and Shobha

(March 03, 2016)

INTRODUCTION

1. The Scenario :

At Kailāsa mountain, the abode of Lord Shiva, everything is serene. Lord Shiva has finished his meditation and Goddess Pārvatī has finished her daily chorus. Standing on the ground on the right side of Shiva is the Triṣhūl, Ḍamrū, Kamaṇḍalu and Nandī Bull. A peacock is dancing nearby. Children Gaṇesh and Sarasvatī are playing the game of Kāvya-chitram. Brahmājī is watching their game. Sanskrit is the common spoken language. Shrī Nārad muni, who regularly comes to pay homage to Lords Shiva-Pārvatī, is about to come. Gangā is flowing from the hair of Shivajī. Shiva's forehead is adorned with the moon. The Vāsuki snake is around the neck of Shiva. Pārvatī Devī is wearing a white Sārī and a necklace of wild flowers. Shivajī has Bibhuti on his body. He is wearing the deer hide around his waist and a necklace of Rudra beads on his neck. Shiva-Parvati are sitting relaxed and discussing about the interesting world events. During their talk, Pārvatī Devī asked Lord Shiva to tell her the divine stories of *Satya-Nārāyaṇ Vrat*. **Lord Shiva said, "Sure."**

2. The Musical Stories :

The musical Stories of Shrī-**Satya-Narāyaṇ Vrat** are composed by Ratnakar and presented along with the new versipn of the divine stories narrated by Bhagavan Vyas Muni, in the Reva Khand of the Skand Purāṇ.

Keeping **Vyasa Muni's writing as the ultimate truth**, the new stories are narrated to answer the readers' questions and remove their doubts, confusion and misunderstanding. While reading these stories, the readers who have already known the stories from other sources, will notice the positive difference. In the present stories, there is no fantastic or incongruous description. Care is also taken to meticulously include the contemporary finer details of each scene in each story.

While writing the stories, it is specifically understood that while giving protection, the Lord does not let any harm or destruction cause to the innocent people and their property, during the process of temporarily punishing the devotees for their good. For this reason, some people may find some stories a bit different at places, specially at the conclusion, where the Lord restores any apparent harm caused to the people and property. For this particular good reason, my "Shrī-Satya-Nārāyaṇ Vrat Kathā" are a bit different than you will read it anywhere else. Please note that, in order to achieve this genuine and humble objective, a new innocent and curious character of Shrī **Sashank muni is introduced in the stories. The role of Shrī Shashank muni is to ask timely questions to Shrī** Sūt muni, which are aimed at removing the possible common doubts that many times arise in the minds of general innocent readers or listeners of the stories of the Satya-Nārāyaṇ Vrat Kathā. Shrī **Sashank muni rightly noticed that this** Satya-Nārāyaṇ Vrat is so wonderful and unique that it neither involves any Pundit, nor Dakshina, nor special Mantras, nor any Yajna. Even a poor person can comfortably do this Vrat Kathā. All you need is faith and dedication to Lakṣhmī-Nārāyaṇ. The stories in this books are thus composed after serious thinking. Thus, please read these stories on their own, without conflicting, comparing or confusing them with the stories written elsewhere.

The devotees who want to sing the original shlokas, for those devotees Vyās muni's shlokas from Skand Purāṇ are given on the right side with Black Background and White lettering. If you want to see the ancient location and the surrounding of the holy "Naimish Forest" (नैमिष अरण्य), please see the detailed map drawn on page 44.

Please note that, the stories and the music in this book are taken from my new epic work called *"Sangit-Shri-Krishna-Ramayan."* With the kind grace of Lords Shiva, Gaurī, Viṣhṇu and Lakṣhmī and auspicious blessings from Shrī Nārad muni, I hope these stories will firm the faith of the faithful devotees of Lord Shrī Satya-Nārāyan. I hope that this book will give faith, joy and satisfaction to the readers. अयं काव्यं सर्वेषां आनन्दाय कल्पस्यते इति अभिवाञ्छामि ।

दोहा॰

नारद जी ने दी कथा, सरस्वती संगीत ।
रत्नाकर ने हैं रचे, छंद राग में गीत ।।

This musical story of Satya-Nārāyaṇ Vrat Kathā composed by Mātā Sarasvatī and narrated by Shrī Nārad muni, rich in Chhandas (meters) and Rāgas, is being written by Ratnākar.

संगीत कथा अनुक्रम

INDEX of THE MUSICAL STORIES
of Sangīt-Shrī-Satya-Nārāyaṇ-Vrat-Kathā

दोहा॰

रामकृष्ण संगीत के, भजनन का भँडार ।
जो गाता है प्रेम से, भव उसका है पार ।।

मंगलाचरण प्रार्थना (Page 7)

1. श्री गणेश वन्दना (Page 10)
   Prayers to Lord Gaṇesh
2. श्री सरस्वती वन्दना (Page 12)
   Prayers to Goddess Sarasvatī
3. संस्कृतदेववाणीवंदना (Page 16)
   Obeisance to Sanskrit Deva-Vāṇī
4. हिंदी वाणी वंदना (Page 17)
   Obeisance to Hindī language
5. श्री लक्ष्मी नारायण स्तुति (Page 19)
   Prayers to Lakṣhmī-Nārāyaṇ
6. श्री गुरु वन्दना (Page 22)
   Prayers to Guru
7. परम कवि व्यास वन्दना (Page 25)
   Prayers to Lvāsa
8. शिव पार्वती वन्दना (Page 25)
   Prayers to Shiva and Pārvatī Devī
9. देवर्षि मुनिवर श्री नारद वन्दना (Page 27)
   Prayers to Nārad muni
10. रत्नाकर (Page 28)
   Me, Ratnākar

श्री सत्यनारायण व्रत की नयी कथा

The new story of Shrī Satyanārāyan-Austerity

Chapter 1

1. श्री नारद जी की कथा और सूत जी का वृत्त । (Page 33)
   Stories of Shrī Nārad muni and Shrī Sūt jī.

Chapter 2

2. काशी के पंडित की कथा । (Page 45)
   The Story of Pundit of Kashi
3. लकड़हारे की कथा । (Page 52)
   Story of the Wood-Seller

Chapter 3

4. भद्रशीला के उल्कामुख की कथा । (Page 57)
   Story of King Ulkāmukh of Bhadrashīlā

Chapter 4

5. रत्नसार के चंद्रकेतु की कथा । (Page 64)
   Story of King Chandraketu
6. **रत्नपुरी के साधु वणिक् की कथा** । (Page 73)
   Story of the Merchant of Ratnapurī

Chapter 5

7. राजा तुंगध्वज की कथा ।
   Story of King Tungadhvaj (Page 86)

8.**CONCLUSION** (Page 91)

THE AUSTERITY OF SATYANĀRĀYAṆA
श्री सत्यनारायण का व्रत

The word *satyanārāyaṇa* (सत्यनारायण) comes from the *saṁskṛt* (संस्कृत) words *satya* (सत्य, the true one), *nārā* (नारा, water) and *ayana* (अयन the path), which in turn originate from the verb roots √*as* (√अस् to be), √*nī* (√नी to guide) and √*ay* (√अय् to go). The word *nārāyaṇa* (नारायण), could be explained briefly with the vedic phrase *nārā ayanaṁ yasya* (नारा अयनं यस्य), which says, for reaching whom water is the path. Nārāyaṇa (नारायण) is also called Viṣṇu (विष्णु) and Kṛs,ṇa (कृष्ण). The great sage Manu has explained the meaning of the word *nārāyaṇa* (नारायण) in a more comprehensive verse (श्लोक) which says,

आपो नारा इति प्रोक्ता आपो वै नरसूयवः ।
ता यदस्यायनं पूर्वं तेन नारायणः स्मृतः ।।
(मनुस्मृति 1.10)

āpo nārā iti proktā, āpo vai narasūyavaḥ,
tā yadsyāyanaṁ pūrvaṁ, tena nārāyaṇaḥ smṛtaḥ.

(The word nārā नारा is a taddhit तद्धित derivative of the word nara नर. The water is called nārā नारा, inasmuch as it is the first offspring of nara नर, the supreme-self, and inasmuch water was the first receptacle of the Supreme Self, manifested as bramhā, the Supreme Self is called Nārāyaṇa).

It is interesting to note that while the words m◦ *nārāyaṇa* (नारायण) and f◦ *nārāyaṇī* (नारायणी, √नी + ङीप्, the female aspect, that is *Lakṣmī* लक्ष्मी) come from the verb root √*nī* (√नी), the word *nārada* (नारद) comes from the root verbs √*nṛ* (√नृ to please) + √*dā* (√दा to give). Thus, *nārada* means (*nāra*√*dā* + *ka* नार√दा + क) *narān paramātmakaṁ jñānaṁ dadāti yaḥ* (नरान् परमात्मकम् ज्ञानम् ददाति यः he who passes on the knowledge of Supreme Self to people).

The word *vrata* (व्रत) is formed from the root verb √*vṛ* (√वृ) by adding the suffix *atać* (अतच्) to it. The root √*vṛ* (√वृ) falls under three classes (गण) of verbs namely, *1bhvādi* (भ्वादि), *2adādi* (अदादि) and *5svādi* (स्वादि). When √*vṛ* (√वृ) comes under the fifth class *svādi* (स्वादि), in transitive (सकर्मक) form it means to choose or to like (वरण करना, चुनना; पसंद करना, चाहना). Here the verb is dual (उभयपदी, परस्मैपदी-आत्मनेपदी) and declines as : Present - *vṛnoti-vṛṇute*; Future -*variṣyati-variṣyate*; Past - *Avarit-avṛta* (लट् वृणोति-वृणुते; लृट् वरिष्यति-वरिष्यते; लङ् अवरित्-अवृत). In this case, the subject or doer (कर्ता) of this verb √*vṛ* (√वृ) is called *vratī* or *yajamāna* (√*vṛ* + *ini* = *vṛtin* √वृ + इनि = adj◦ व्रतिन् and the m◦ nominative noun is व्रती, यजमान).

While the *abhidhāna-ćintamaṇi* (अभिधानचिन्तामणि) defines *vrata* in three words : *niyamaḥ puṇyakam vratam* (नियमः पुण्यकं व्रतम् । *vrata* is an observance or it is that which causes sin to go away), Śabara Swāmī in his *śabarabhāṣya* (शबरभाष्य 4:3.8) uses the verse :

पुरुषाणां क्रियार्थानां शरीरधारणार्थो
बलकारणार्थश्चायं संस्कारो व्रतं नाम ।

puruṣāṇām kriyārthānām śarīradhāraṇartho balakāraṇārthasćāyaṁ saṁskāro vrataṁ nāma.

(The course of conduct aimed at achieving internal power, happiness and thus a successful journey of life is called *vrata*)

The Padma purāṇa (पद्म पुराण 4:84.42-44) has more comprehensive definition for *vrata*.

अहिंसा सत्यमस्तेयं ब्रह्मचर्यमकल्कता ।
एतानि मानसान्याहुर्व्रतानि हरितुष्टये ।
एकभुक्तं तथा नक्तमुपवासमयाचितम् ।
इत्येवं कायिकं पुंसां व्रतमुक्तं नरेश्वर ।
वेदस्याध्ययनं विष्णोः कीर्तनं सत्यभाषणं ।
अपैशुन्यमिदं राजन्वाचिकं व्रतमुच्यते ।।

ahiṁsā satyamasteyaṁ brahmaćaryamakalkatā,
etāni mānasānyāhurvratāni hari-tuṣṭaye,
eka-bhuktaṁ tathā naktamupavāsamayāćitam,
ityevaṁ kāyikaṁ puṁsāṁ vratamuktaṁ nareśvara,
vedasyādhyayanaṁ viṣṇoḥ kīrtanaṁ satyabhāṣaṇam,
apaiśunyamidam rājanvāćika vratamućyate.

(non-violence, truth, non-stealing, chastity, straight-forwardness, courage, eating at night, fasting and non-begging is the austerity performed through behaviour, while study of scriptures, worship of Lord Satyanārāyaṇa, reading Satyanārātaṇa kathā, speaking true and non-injurious words is the austerity performed through words).

A *vrata* (व्रत) is the self discipline one observes for a specific period of days, weeks, months, years or even for the whole lifetime. It, however, differs from the religious commandments or tenets which dictate you what you must do and what you must not do. The *vrata* (व्रत) is not mandatory or imposed restriction, but rather it is a voluntarily chosen austerity for the purpose of attaining a desired fruit. In this regard, it has similar meaning as the *Saṁskṛt* words *upāsanā* (उपासना a chosen service किसी सेवा में उपस्थिति), *naitikāćaraṇam* (नैतिकाचरणम् righteous behaviour नीति से युक्त आचरण), *tapa* (तप vowed observance Gita 17:14-19 किसी तपस्या का निश्चय), *vidhiyukta-pratijñā* (विधियुक्तप्रतिज्ञा a vow that goes with the scriptures शास्त्र के विधान के साथ ली हुई प्रतिज्ञा), *angīkṛta-kāryam* (अंगीकृतकार्यम् a duty that is undertaken by oneself अपने आप चुना हुआ कर्तव्य), *dṛḍhasaṅkalpaḥ* (दृढ़संकल्पः a firm resolve पक्का निश्चय), *ārādhanā* (आराधना propitiation, worship, a means of pleasing प्रसन्न करने का उपाय, पूजा), *bhaktiḥ* (भक्तिः devotion श्रद्धा), *puṇyada-sādhanam* (पुण्यदसाधनम् the means of removing sins पुण्य पाने का साधन), *nirdiṣṭānuṣṭhānam* (निर्दिष्टानुष्ठानम् a practice in the conformity of the scriptures शास्त्र में नियत या वर्णित किया हुआ या कहा हुआ कार्य, शास्त्रविहित कर्म को नियमपूर्वक करना) ...etc.

The last meaning *nirdiṣṭānuṣṭhānam* (निर्दिष्टानुष्ठानम्) may outwardly appear confusing because while a *vrata* (व्रत) is voluntary act, it says, it must be done as told by the scriptures. I personally prefer this meaning as it shows that while the *satyānārāyaṇa-vrata* (सत्यनारायण व्रत) is voluntary, once undertaken it must be performed according to its norms (विधि) in order to achieve the desired fruit, or rather, in order to avoid an undesirable result (see *satyanārāyaṇa kathā* सविस्तार श्री सत्यनारायण कथा 4:25-27). The requirements विधि of the *vrata* includes getting ready physically and mentally. The Agni *purāṇa* (अग्निपुराण 175.12) instructs, you must fast and cleanse yourself before initiating the *vrata* (*abhuktvā snātvā ća vratamāćaret* अभुक्त्वा स्नात्वा च व्रतमाचरेत्).

For the *vrata* (व्रत) is a voluntary activity, an ascetic (मुनि) may take up a severe austerity (Gītā 4.28 प्रखर व्रत, प्रगल्भ वत्त, महा व्रत), while a common person can undertake a mild austerity (सौम्य व्रत, संक्षिप्त व्रत, लघु व्रत) like *satyanārāyaṇa vrata* (सत्यनारायण व्रत).

Even though the *satyanārāyaṇa vrata* (सत्यनारायण व्रत) is a milder and voluntary austerity, once taken up on it must be performed according to its prescribed norm (विधि) because Lord Viṣṇu (विष्णु भगवान्) is watching you. The Rig-veda says (1:22.19) :

विष्णोः कर्माणि पश्यत यतो व्रतानि पस्पशे ।

viṣṇoḥ karmāṇi paṣyata yato vratāni paspaśe.

(Observe the *vrata* carefully, for Lord Viṣṇu is watching you)

The austerity of *satyanārāyaṇa* (सत्यनारायण व्रत) alone is all that one needs to observe for the achievement of desired happiness in life. The Atharva *veda* tells us : you should not observe many different austerities, but just one of those austerities. *samānaṁ vrataṁ saha ćittameṣām* (समानं व्रतं सह चित्तमेषाम्).

The Taittirīya *uapniṣad* (तैतिरीय उपनिषद् 3:7.10) instructs us very clearly, *annaṁ na nindyāt, tadvratam* (अन्नं न निन्द्यात्तद्व्रतम् one should not reject or criticize food, it is austerity). One can see the result of rejecting or scorning at food offering of the *stayanārāyaṇa* austerity in the story of Tungadhvaja (please see सविस्तार श्री सत्यनारायण कथा 5: 4-6↓).

Similarly sage Yāska in his *nirukta* (निरुक्त) tells us : *tasyaitadvratam nānṛtaṁ māmsamaśnīyāt* (तस्यैतद्व्रतं नानृतं मांसमश्नीयात् it is an austerity not to speak false words and not to consume meat). One can also see the result of speaking false words in the story of Sādhu Merchant. Please see सविस्तार श्री सत्यनारायण कथा 4: 3-5↓).

One may argue that the *veda* (वेद) upholds the activity of *vrata* (व्रत) so highly and recommends the worship of fire and practice of *yajña* (यज्ञ), then why there is no fire worship or *yajña* performance in the austerity of *satyanārāyaṇa* (सत्यनारायण व्रत)?

The reason is, because the main deity (देवता) of the Rigveda is *agni* (अग्नि) which presides over the *yajña* (यज्ञ), the Rigveda (8:11.1) says that the protector of the *vrata* (व्रत) is *agni* (अग्नि fire), which we ought to worship (*tvamagne vratapā asi deva ā martyeṣvā* त्वमग्ने व्रतपा असि देव आ मर्त्येष्वा). Whereas, in the case of the austerity of *satyanārāyaṇa* (सत्यनारायण व्रत), as we have seen above, the main deity of the austerity is *nārā* (नारा, the water जल, जल कलश).

While a *vedic yajña* (यज्ञ) aims the fruit that one attains in the next life, the austerity of *satyanārāyaṇa* (सत्यनारायण व्रत) gives fruit in this life itself. The accumulated *puṇya* (पुण्य merit) may also yield additional fruit in the next life or lives (please see सविस्तार श्री सत्यनारायण कथा 5: 13-23↓).

Also, sage Devala informs us that, while a *vedic yajña* (यज्ञ) is prescribed for the three *varṇas* (वर्ण classes) only, the austerity of *satyanārāyaṇa* (सत्यनारायण व्रत) is open to all men and women, including the so called *shūdras* (शूद्र), married women, single women, widows, prostitutes, outcasts, evil people (दैत्य) and all others (सर्वे).

व्रतोपवासनियमैः शरीरोत्तापनैस्तथा ।
वर्णा सर्वेऽपि मुच्यन्ते पातकेभ्यो न संशयः ।।

vratopavāsa-niyamaiḥ śarīrottāpanaistathā,
varṇāḥ sarvepi mucyante pātakebhyo na saṁśayaḥ.

(With the *vrata* व्रत, fasting, observances and internal and external cleansing all people attain liberation from their sins)

The Agni *purāṇa* (अग्निपुराण 175:44,57) eloquently describes the greatness of *vrata* (व्रत महिमा) in the following sublime verses (श्लोक) :

व्रतमेव परं लोकसाधनं भोगसाधनं ।
व्रतेनैव जयो यस्मात्तस्मात्सर्वो व्रतं चरेत् ।
एको धर्मो मनुष्याणां व्रतमेव महात्मना ।
प्रोक्तो नानाविधैस्तन्त्रैः शङ्करेण हरिप्रति ।
सन्ति यद्यपि भूयांसो लोके धर्मा युगे युगे ।
तथापि व्रतधर्मस्य कलां नार्हन्ति षोडशीम् ।
देवता दितिपुत्राश्च सिद्धगन्धर्वकिन्नराः ।
ऋषयश्च परां सिद्धिमुपवासैरवाप्नुवन् ।।

vratam-eva paraṁ loka-sādhanaṁ bhoga-sādhanam,
vratenaiva jayo yasmāt-tasmāt-sarvo vrataṁ ćaret,
eko dharmo manuṣyāṇāṁ vratam-eva mahātmanā,
prokto nānā-vidhaistantraiḥ śaṅkareṇa hari-prati,
santi yadyapi bhūyaṁso loke dharmp yuge yuge,
thāpi vrata-dharmasya kalāṁ nārhanti ṣoḍaśīm,
devatā diti-putrāśća siddha-gandharva-kinnarāḥ,
ṛṣayaśća parāṁ siddhimupavāsairavāpnuvan.

(In all righteous धार्मिक acts, *vrata* व्रत is the only help available to be enjoyed by all. With *vrata,* success is attainable. And therefore, everyone should undertake *vrata*. *Vrata* is the sole *dharma* धर्म open for the whole mankind. This secret was revealed by Lord Śiva to Lord Viṣṇu by many ways. In each *yuga* युग, a particular *vrata* is suitable, for the *kaliyuga* कलियुग it is *satyanārāyaṇa-vrata* सत्यनारायण व्रत, please see सविस्तार श्री सत्यनारायण कथा 1.23. This austerity is above all the sixteen arts known to mankind. Its gives *mokṣa* मोक्ष to not only the mankind but the *devas* देव, *daityas* दैत्य, *siddhas* सिद्ध, *gandharvas* गंधर्व, *kinnaras* किन्नर and *rishis* ऋषि also have attained perfection through this austerity.)

-Ratnakar

मंगलाचरण

Opening Prayers

मङ्गलाचरणम् ।

श्रीपरमात्मने नम आत्मने नमः । नमो ब्रह्मणे गायत्र्यै नमः ।। 1
प्रकृत्यै नमः पुरुषाय नमः । नमः शिवाय पार्वत्यै नमः ।। 2
नमो विष्णवे लक्ष्म्यै नमः । गणेशाय नमः सरस्वत्यै नमः ।। 3
रामाय नमः सीतायै नमः । नमः कृष्णाय राधायै नमः ।। 4
वसुदेवाय नमो वासुदेवाय नमः । भीमार्जुनयुधिष्ठिरेभ्यो नमः ।। 5
देवकीयशोदामातृभ्यां नमः । विश्ववृक्षाय विराटरूपिणे नमः ।। 6
देवेभ्यो नमो गुरुदेवेभ्यो नमः । मात्रे नमः पित्रे नमः ।। 7
इन्द्राय नमो वरुणाय नमः । वायवे नमो वायुपुत्राय नमः ।। 8
अग्नये नमो द्यवे नमः । पृथ्व्यै नमो नवग्रहेभ्यो नमः ।। 9
पञ्चभूतेभ्यो नमस्त्रिगुणेभ्यो नमः । सर्वभूतेभ्यो नमो वनस्पतये नमः ।।
नदीभ्यो नमः पर्वतेभ्यो नमः । सूर्याय नमश्चन्द्रमसे नमः ।। 11
वेदेभ्यो नमः सर्वोपनिषद्भ्यो नमः । नारदाय नमो ज्ञानाय नमः ।। 12
दत्तात्रयाय नमः स्कन्दाय नमः । प्रह्लादाय नमो ध्रुवाय नमः ।। 13
पाणिनिपतञ्जलिभ्यां नमः । यास्काय नमः पिङ्गलाय नमः ।। 14
वाल्मीकये नमो व्यासाय नमः । रामानन्दाय नमस्तुलसीदासाय नमः ।।
शिवाजीप्रताभ्यां नमो राज्ञीलक्ष्म्यै नमः । शङ्कराचार्याय रामानुजाय नमः ।।
वल्लभाचार्याय वरदाचार्याय नमः । यमुनाचार्याय माधवाय नमः ।। 17
मीरायै नमो ब्रह्मानन्दाय नमः । सत्यानन्दाय नमो विवेकानन्दाय नमः ।।
सर्वमुनिभ्यो नमः सर्वर्षिभ्यो नमः । सर्वज्ञानिध्यानियोगिभ्यो नमः ।। 19
सर्वकविभ्यो नमः सर्वसुहृद्भ्यो नमः ।। 20

✍ दोहा॰ [2] नमन करूँ परमातमा, परम ब्रह्म भगवान ।
गायत्री की वंदना, मस्तक टेक प्रणाम ।। 3

♫ सासासा रेग– रेगम–गम–, पपप म–ग रेगम– ।
ग–गम– ग– म–गरे–, सा–सासा रे–ग रेसा– ।।

पुरुष प्रकृति को मेरा, साष्टांग नमस्कार ।
भोले शंकर पार्बती! कीजो मम उद्धार ।। 4

लक्ष्मी नारायण प्रभो! शेषशायी भगवान ।
पद्मनाभ लक्ष्मीश के, गाऊँ कीर्तन गान ।। 5

शिवनंदन श्री गणपति, गणेश श्री गणनाथ ।
सरस्वती माँ शारदे! जोड़ूँ दोनों हाथ ।। 6

रघुपति राघव जानकी, दसरथ सुत रघुनाथ ।
मनहर राधा कृष्ण को, नमन हृदय के साथ ।। 7

[2] ♫ **दोहा छन्द** की व्याख्या आगे संज्ञापरिचय विभाग में सर्वप्रथम दी है ।

अर्जुन भीम प्रवीर को, और युधिष्ठिर भ्रात ।
यशोदा नंदनंदिनी! प्रणाम तुमको, मात! ।। 8

विश्ववृक्ष अश्वत्थ है, अद्भुत दैवी रूप ।
विश्वरूप श्रीकृष्ण जी! पूजूँ मैं, सुरभूप! ।। 9

देव देवता सर्व ही, गुरुजन जितने ज्ञात ।
मात-पिता मम पूज्य के, चरणन में प्रणिपात ।। 10

इंद्र प्रभु को नमो नमो, वरुण देव! सम्मान ।
धन्य पवन पितु को कियो, राम भक्त हनुमान ।। 11

वन्दे अग्नि देवता, अंतरिक्ष आकाश ।
धरती माता को तथा, नवग्रह दिव्य प्रकाश ।। 12

पँच भूत को धीमहि, तीन गुणों को और ।
सर्व भूतगण भूमि के, वनस्पति सब ओर ।। 13

गिरि सरिता सागर मही, नमामि तन मन जोड़ ।
सूर्य चंद्र तारे सभी, बिना किसी को छोड़ ।। 14

उपनिषदों को ध्याऊँ मैं, वैदिक ज्ञान प्रमाण ।
देवर्षि नारद मुनि, त्रिभुवन में रममाण ।। 15

तीन मुखी गुरु दत्त को, सुर सेनापति स्कंद ।
सुभक्त ध्रुव प्रह्लाद को, स्मरण करूँ सह छंद ।। 16

गुरु पाणिनि पातंजलि, दीन्हा मुझको ज्ञान ।
यास्क पिंगल से मुझे, मिला दान अभिधान ।। 17

व्यास बाल्मीक मम गुरो! तुम्हीं सच्चिदानंद ।
काव्य ज्ञान के स्रोत हैं, तुलसी रामानंद ।। 18

जय भारत संतान वे, शिवा प्रताप महान ।
लक्ष्मी के बलिदान ने, दिया हमें अभिमान ।। 19

आदि शंकराचार्य श्री, नमन वल्लभाचार्य ।
रामानुज माधव तथा, यमुना वरदाचार्य ।। 20

मीरा ने कीर्तन दिया, कविता ब्रह्मानंद ।
योग विवेकानंद ने, बरनन सत्यानंद ।। 21

ऋषि मुनि योगी संत को, हिरदय अपना वार ।
ज्ञानी ध्यानी सकल को, वंदन बारंबार ।। 22

कवि लेखक जन सर्व को, सुहृद जन प्रत्येक ।
प्रेरणा जिनसे मिली, वंदन घुटने टेक ।। 23

।। हरि ॐ तत् सत् ।।

◎ **Introductory Prayer :** *Obeisance to the Supreme Lord, the Creator, the Supreme Person, the Soul, the Mother Nature, the Worldly Tree, the Cosmos, the five Primal beings (Mahā Bhūtas), the three Attributes (Guṇas), the Divine form, the Mother India, the Sanātana Dharma, the Mother Gāyatrī, the Gods, the Deities, Vasudeva, Lakṣhmī, Shiva, Pārvatī, Gaṇesh, Sarasvatī, Rāma, Sītā, Kriṣhṇa, Rādhā, Devakī, Yashodā, Yudhishṭhita, Bhima, Arjun, Hanumān, Mother, father, Gurus, Indra, Varuṇa, Fire, Sky, Wind, all Beings, the Vegetation, the Sun, the Moon, the Stars, the Rivers, the Mountains, the Mother Earth, the Three worlds, the Vedas, the Purāṇas, the Upaniṣhads, the Mahābhārat, Gītā, Rāmāyaṇ, Sage Nārad muni, Dattātraya, Saknda, Prahlāda, Dhruva, Pāṇini, Patañjali, Yask, Pingala, Vālmīki, Vyāsa, Rāmānand, Tulsīdāsa, Shivājī, Rāṇā Pratāp, Queen Lakṣhmībaī, Shankarāchārya, Rāmānuja, Vallabhāchārya, Varadāchārya, Yamunāchārya, Mādhavāchārya, Meerā, Brahmānanda, Satyānanda, Vivekānanda, all Sages, all Saints, all wise people, all Yogīs, all Poets, all Noble souls, the Knowledge and the Learning. Hari Om tat sat.*

✍दोहा॰ श्रीगणेश अब मैं करूँ, भज कर ईश गणेश ।
खरस्वती शिव पार्वती, राघव कृष्ण कपीश ।।

◎ **An opening prayer :** *I pray to Lord Gaṇesh, Shāradā, Shiva, Kriṣhṇa, Rādhā, Rāma Sītā and Hanumān with adoration and faith. May they bestow up on me their mercy and give me the skills of poetry and music.*

1. श्री गणेश वन्दना :

1. Prayers to Lord Gaṇesh

(श्री गणेशवन्दना)

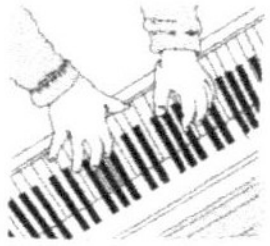

श्लोका:

शतवारमहं वन्दे लम्बतुण्डिं गणेश्वरम् ।
एकदन्तं च हेरम्बं चारुकर्णं गजाननम् ।।
♪ रेरेरे-रेरेग- प-म- प-पप-ध- पम-गरे- ।
रे-गम-प- म ग-रे-सा- ऩिसारे-म- पम-गरे- ।।

गं गं गं गं गणेशं श्रीं चतुर्बाहुं महोदरम् ।
विश्वमूर्तिं महाबुद्धिं वरेण्यं गिरिजासुतम् ।।

गणपतिं परब्रह्म शूर्पकर्णं करीमुखम् ।
पशुपतिमुमापुत्रं लम्बोदरं गणाधिपम् ।।

हस्तिमुखं महाकायं ढुण्ढिं सिद्धिविनायकम् ।
वक्रतुण्डं चिदानन्दम्-आम्बिकेयं द्विमातृजम् ।।

महाहनुं विरूपाक्षं ह्रस्वनेत्रं शशिप्रभम् ।
पीताम्बरं शिवानन्दं देवदेवं शुभाननम् ।।

सर्वमङ्गलमाङ्गल्यं प्रभुं मूषकवाहनम् ।
ऋद्धिसिद्धिप्रदातारं विघ्नहरं विनायकम् ।।

जगदीशं शिवापुत्रम्-आदिनाथं क्षमाकरम् ।
अनन्तं निर्गुणं वन्द्यं यशस्करं परात्परम् ।।

गौरीपुत्रं गणाधीशं गजवक्त्रं कृपाकरम् ।
भालचन्द्रं शिवाऽऽनन्दं पार्वतीनन्दनं भजे ।।

आदिपूज्यं शुभारम्भं ज्ञानेशं मोदकप्रियम् ।
प्रातः सायमहं वन्दे गणेशं च सरस्वतीम् ।।

प्राप्तुं ज्ञानं युवाभ्याञ्च विद्यां भाग्यं शुभान्वरान् ।
नमस्कृत्य कृताञ्जलिः-रत्नाकरो भजाम्यहम् ।।

◎ **A Prayer to Gaṇesh :** *O Lord Gaṇesh (Lord of beings)! I pray to you hundred times. You are the Lord with elephant head, small eyes, snouted nose, one tooth, big chin, big belly, large body and auspicious face. You are wearing yellow garment and you are riding a mouse. You have a bright halo. You are the Joy of Shiva, God of the Gods, Beyond Brahma, the Giver of prosperity, the Giver of success, Giver of peace and happiness, Remover of the obstacles, the Lord of animals, the Lord of the three worlds, the Primal Lord, the One beyond supreme, all powerful, the Infinite, the merciful, the One adorned with Moon on the forehead. You are the One to be worshipped first. You are the God of learning, the Relisher of Modak (sweets). You are son of Pārvatī. At your feet I, Ratnākar, bow with my folded hands. I pray to you and sing your Bhajans, O Lord Gaṇapati! day and night for attaining knowledge, arts, wisdom, good fortune and auspicious boons.*

गीत 1 : कहरवा ताल मात्रा

(गणपति देवा)

श्लोक:

गजाननः कलादेवो नृत्यसंगीतशिल्पकः ।

ददाति स कलाधीशः ज्ञानं बुद्धिं च कौशलम् ।।

♫ मग–मप– धप–म–ग–, ग–मनि–सां–सांनि–धप– ।

गप–म प– धसांनि–ध–, म–म प–प ध प–मग– ।।

स्थायी

गणपति गणपति गणपति देवा! कोई लाए मोदक कोई लाए मेवा ।।

♫ मपपम पधधप पधनिनिनि निधध–, मप पम पसांधप पध पम म–म– ।

अंतरा–1

गणपति गणपति गणपति देवा! कोई करे भगति तो कोई करे सेवा ।

♫ धधनिसां सांसांसांसां सांरेंमंगं रेंसांसां–! मप पम पसांध प पध पम म–म– ।

अंतरा–2

भजनन किरतन बहुविध देवा! लंबोदर लंबोदर लंबोदर देवा! ।

अंतरा–3

मुनि जन करियत जप तप सेवा, गजमुख गजमुख गजमुख देवा! ।

अंतरा–4

अर्पण सब तव चरणन देवा! गौरीसुत गौरीसुत गौरीसुत देवा! ।

◎ **A Prayer to Gaṇesh : *Shloka*** *: Gaṇesh (Lord of the Gods) is the God of arts, music and sculpture. That Lord of Arts gives us knowledge, intelligence and skills.* ***Sthāyī*** *: O Lord Gaṇapati (Master of the Living beings)! some devotees have brought Laḍḍus (sweets). Some brought nuts for you.* ***Antarā : 1.*** *O Lord Gaṇesh! some devotees are worshipping you. Some are offering services.* ***2.*** *O Lord Lambodara (of big belly) ! some devotees are doing Bhajans. Some are doing Kīrtans.* ***3.*** *O Lord Gajmukha (Elephant headed Lord)! the saints and yogīs (sages) are doing chants and austerities.* ***4.*** *O Lord Gaurī-suta (Son of Pārvatī)! we have surrendered everything at your feet.*

गीत 2 : राग मालकंस,[3] कहरवा ताल 8 मात्रा

(गणेश वंदना)

स्थायी

स्वरदा ने मंजुल गाया है, नारद ने साज बजाया है ।

रत्नाकर गीत सजाया है ।।

♫ ममगम गसा निसाधनि सा–म– म–, म–गम गसा निसाध नि–सा–म– म–।

निनिनि–निनि नि–नि निधनिसांनि धम– ।।

अंतरा–1

तू ही बुद्धि का बल दाता, तू ही ज्ञान का सोता है ।

तू ही ऋद्धि सिद्धि धाता, तूने भाग्य जगाया है ।।

♫ ग– म– ध–नि– सां– सांसां गंनिसां–, नि– नि– नि–नि नि धनिसांनि धम– ।

ग– म– ध–नि– सां–सां– गंनिसां–, नि–नि– नि–नि निधनिसांनि धमगसा ।।

अंतरा–2

तू ही हमरा गुरु अरु माता, तू ही विश्व विधाता है ।

विघ्न विनाशक मंगलकारी, तू गणनायक भाया है ।।

अंतरा–3

तू माथे की रेखा लिखता, तू भगतन को दिखता है ।

आदि देव तू! चिदानंद तू! जग तेरी किरती गाया है ।।

◎ **A Prayer to Gaṇesh : *Sthāyī*** *: Ratnākar composed the melody, Sarasvatī sang it beautifully, while Shrī Nārad muni played the Vīṇā.* ***Antarā : 1.*** *O Lord Gaṇesh! you are the Giver of wisdom, the Source of knowledge, the Giver of success and prosperity. You are the giver of good fortune.* ***2.*** *O Lord! you are our guru and mother. You are the Lord of Universe, you are the Remover of obstacles, you are the Giver of auspicious*

---

[3] **राग मालकंस** : यह भैरवी ठाठ का बहुत लोकप्रिय राग है । इसका आरोह है : सा ग म, ध नि सां । अवरोह : सां नि ध म, ग म ग सा ।

▶ लक्षण गीत : **दोहा॰ कोमल ग ध नि, वर्ज्य प रे, सुंदर स्वर जंजीर ।**

म सा वादि संवाद का, मालकंस गंभीर ।।

boons. O Lord of the people! we adore you. **3.** *You write the lines of fate on our foreheads. You can be seen by the devotees, O Primal Lord! you are the peace and joy at our hearts. Your prayer is joy giving.*

2. श्री सरस्वती वन्दना :

2. Prayers to Goddess Sarasvatī

श्लोकौ

सरस्वति नमस्तुभ्यं देवि मे हर मूढताम् ।
अहर्निशं च मां पाहि कुरु मे सर्वमङ्गलम् ।।

रचितुं काव्यसङ्गीतं चरितं कृष्णरामयो: ।
बुद्धिं देहि च भाग्यं मे सिद्धिं मां देहि शारदे ।।

दोहा॰ विद्या राणी शारदा! तेरा जय जयकार ।
मम जीवन पर सर्वथा, तेरा ही अधिकार ।।

सविनय सभक्ति ज्ञान से, शारद पूजित होय ।
अविनय ग्रहण पान की, रहे मुल्य ना कोय ।।

नमन करूँ मैं, शारदा! आकर तेरे द्वार ।
नष्ट करो मम मूढ़ता, मन में दो सुविचार ।।

कला मुझे दो, देवता! छंद राग का ज्ञान ।
राम कृष्ण के चरित के, लिखूँ सुमंगल गान ।।

◎ **A Prayer to Sarasvatī :** *O Goddess Sarasvatī! obeisance to you. Please forgive my ignorance. Please remove my ignorance. Please protect me day and night. Please give me ability to write the musical stories of Shrī Krishṇa and Shrī Rāma. Please give me wisdom, good luck and success, O Shāradā!*

गीत 3

आरती : राग खमाज, कहरवा ताल 8 मात्रा

(स्वरदा वंदना)

स्थायी

जै जै स्वरदा माता । देवी स्मरण तेरा भाता ।
दरशन तुमरे सुंदर । सुमिरन तुमरे मंगल ।
चाहे सब ध्याता । ॐ जै सरस्वती माता ।।

♫ म–म– ममम– गमप– । पध नीसांसां सांरेंसां नीधरे– ।
पधपध नीनीनीध पधमम । पधपध नीनीनीध पधमम ।
प–प– धप मगरे– । प– प– पपधप मगम– ।।

अंतरा–1

जो आवे गुण पाने । ध्यान लगाने का ।
देवी ज्ञान बढ़ाने का ।
तेरे दर पर पावे । झोली भर कर जावे ।
ध्येय सफल उसका । ॐ जै सरस्वती माता ।।

♫ पम मगपम मग पमम– । सांरेंसां नीध–पम प– ।
सांसां सांरेंसां नीध–पम प– ।
पधपध नीनी नीध पधम– । पधपध नीनी नीध पधम– ।
प–प पधप मगरे– । रे– प– पपधप मगम– ।।

अंतरा–2

जो आवे सुर पाने । गान बजाने का ।
देवी तान सजाने का ।
संगित नृत्य सिखाने । नाट्य कला को दिखाने ।
मार्ग सरल उसका । ॐ जै सरस्वती माता ।।

अंतरा–3

जो प्यासा है कला का । चित्राकारी का ।
देवी शिल्पाकारी का ।

चौंसठ सारी कलाएँ । विद्या अष्ट लीलाएँ ।
साध्य सकल उसका । ॐ जै सरस्वती माता ।।

अंतरा–4

जो कवि गायक लेखक । वाङ्मय विरचेता ।
देवी सरगम रचयेता ।
साहित्य साधन पावे । बुद्धि का धन आवे ।
हेतु सबल उसका । ॐ जै सरस्वती माता ।।

अंतरा–5

शुभ्र वसन नथ माला । काजल का तिल काला ।
देवी हाथ कमल नीला ।
केयुर कंठी छल्ला । गजरा कुंदन ड़ाला ।
मुकुट है नग वाला । ॐ जै सरस्वती माता ।।

अंतरा–6

नारद किन्नर शंकर । तुमरे गुण गाते ।
देवी तुमरे ऋण ध्याते ।
भगत जो शरण में आता । भजन ये तुमरे गाता ।
मोक्ष अटल उसका । जै जै सरस्वती माता ।।

◎ **A Prayer to Sarasvatī :** ***Sthāyī :*** *Victory to you, O Music giver Mother! O Goddess! we love remembering your beautiful image. We all love you. Om! victory to you, O Goddess Sarasvatī!* ***Antarā : 1.*** *Whoever comes to your door to learn the virtues of contemplation and learning, he gets his wishes fulfilled and his aim is successful.* ***2.*** *Whoever comes to you to learn the arts of music, singing, dance or drama, his success is easy and sure.* ***3.*** *Whoever is thirsty of learning the skills of drawing, painting or sculpture, O Goddess! he learns all 64 arts and all 8 charms. Everything is attainable by him.* ***4.*** *Any poet, writer or composer that comes to you for help, he receives the literary power and the wealth of knowledge and his resolve is stronger.* ***5.*** *O Goddess! you are wearing white garments, pearl necklace, diamond ring, gold bracelet and a tiara of jewels.* ***6.*** *O Goddess! Nārad muni, Kinnara and Shankara sing your praises. The devotees that surrender at your feet and sing this song, they attain a place in the heaven.*

सरस्वतीपूजनम् ।

ॐ श्लोकाः ।

♪ ग–गग–गगरे–म–ग– प–पप–पमग–पम– ।
रेरे–रे प–म–ग– रेसा– रे–गम– पमग–रेसा– ।।

ॐ (आसनम्)

स्वर्णरत्नसमायुक्तं केकिपक्षविभूषितम् ।
गृहाण शारदे मातः सुन्दरं कमलासनम् ।।
ॐ सरस्वत्यै नम आसनार्थे कुशदर्भं समर्पयामि ।

◎ **Sarasvatī worship:** *O Mother Shāradā! please be seated on the throne of lotus. Your throne is adorned with gold, jewels and peacock feathers.*

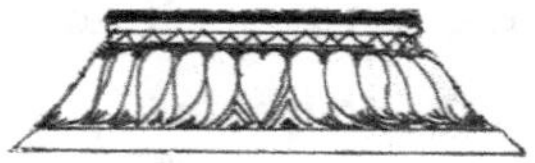

ॐ (पाद्यम्)

वीणावादिनि गिर्देवि स्वरदायिनि ज्ञानदे ।
गृह्णीतात्त्वं मया दत्तं पाद्यं गङ्गाजलं शुभम् ।।
ॐ सरस्वत्यै नमः पादयोः पाद्यं समर्पयामि ते ।

◎ *O Vīṇāvdnī (Player of Vīṇā)! O Goddess of Speech! please accept the offering of the holy water from the river Ganges.*

2. Prayers to Goddess Sarasvatī

(अर्घ्यम्)

विद्यादायिनि वागीशे गिरे गणपतिप्रिये ।
शब्दरूपेण त्वं देवि धनं भाग्यञ्च देहि माम् ।।
ॐ सरस्वत्यै नमोऽर्घं समर्पयामि ते ।

◎ *O Goddess of Learning! O Beloved of Gaṇesh! please give me the wealth of vocabulary and good luck.*

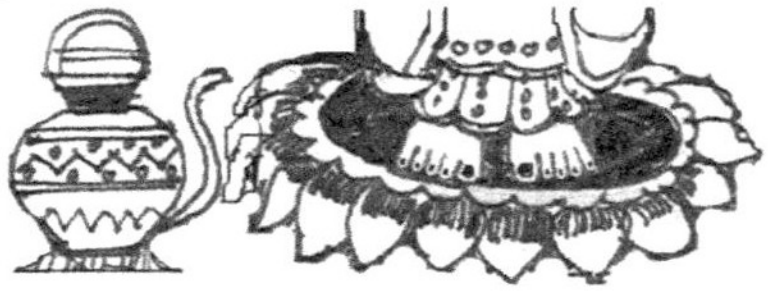

(आचमनम्)

सुरभीदुग्धयुक्तञ्च गङ्गानीरञ्च निर्मलम् ।
भाग्यदे तीर्थपानीयं स्वीकुरु देवि भारति ।।
ॐ सरस्वत्यै नम आचमनीयं नीरं समर्पयामि ।

◎ *O Mother Bhāratī (Goddess of speech)! O Giver of good fortune! please accept the offering of cow milk and water of Ganges.*

(स्नानम्)

ब्रह्मपुत्रि कलादेवि विद्ये गृहाण वाङ्मयि ।
तोयमेतद्धि स्नानार्थम्–अमृतं जाह्नवीजलम् ।।
ॐ सरस्वत्यै नमः स्नानीयं जलं समर्पयामि ।

◎ *O Goddess of the Arts! O Vidyā (Goddess of Education)! O Daughter of Brahmā! please accept the offering of the holy water from Ganges for your bath.*

(वस्त्रम्)

ददे गिरे नवं वस्त्रं शोभनं बहुसुन्दरम् ।
आच्छादनं मया दत्तं स्वीकुरु प्रियदर्शिनि ।।
ॐ सरस्वत्यै नमो वस्त्राभरणं समर्पयामि ।

◎ *O Goddess of Language! O Priyadarṣhinī (lovely faced)! please accept the offering of the beautiful new garment.*

(चन्दनम्)

सर्वसुरप्रिये वाचे गृह्णीताद्देवि चन्दनम् ।
कस्तूरीं कुङ्कुमं रक्तं केशरञ्च सुगन्धितम् ।।
ॐ सरस्वत्यै नमश्चन्दनं समर्पयामि ।

◎ *O Goddess of Poetry! O Beloved of all Gods! please accept the aromatic offering of red sandalwood paste and saffron.*

2. Prayers to Goddess Sarasvatī

(अक्षतम्)

गृहाण वाणि वाग्देवि शुचिं तन्डुलमक्षतम् ।
स्वरदे ज्ञानदे देवि प्रसीद भुवनेश्वरि ॥
ॐ सरस्वत्यै नमोऽक्षतं समर्पयामि ।

◎ *O Goddess of Speech! O Giver of wisdom! O Giver of music! please accept the offering of pure whole rice, O Goddess of the Universe!*

(पुष्पम्)

पद्मपुष्पं जपापुष्पं कर्णिकारञ्च पाटलम् ।
चम्पकं बकुलं कुन्दं स्वीकुरु देवि मालतीम् ॥
ॐ सरस्वत्यै नमः पुष्पमालां समर्पयामि ।

◎ *O Goddess Sarasvatī! please accept the offering of the flowers of Lotus, Rose, Jasmine, Hibiscus and Marigold.*

(धूपम्)

सुगन्धितं प्रयच्छामि गोघृतेन समन्वितम् ।
धूपवर्त्तिञ्च कर्पूरं गृहीतान्मङ्गलं गिरे! ॥
ॐ सरस्वत्यै नमो धूपमाघ्रापयामि ।

◎ *O Goddess of Poetry! please accept the offerings of aromatic incense, camphor, clarified butter and cow milk.*

(दीपः)

वाचे विद्ये जगन्माते जगदानन्ददायिनि ।
गृहीष्व पावनं दीपं-ऋद्धिसिद्धी च कारिणि ॥
ॐ सरस्वत्यै नमो दीपं संदर्शयामि ।

◎ *O Goddess of Speech! O Joy giver! O Mother of the World! O Giver of the Prosperity and success! I am lighting the lamp in front of you.*

(नैवेद्यम्)

नैवेद्यं पञ्चपक्वान्नं निवेदयामि श्रद्धया ।
रसयुक्तञ्च प्रत्यग्रं स्वायंभूव्यै सुधारसम् ॥
ॐ सरस्वत्यै नमो नैवेद्यं निवेदयामि ।

◎ *O Goddess Shāradā! O Svayambhuvi (Daughter of Manu Svāyambhu)! I am offering you five juicy foods, with all my faith and devotion.*

(आरात्रिकम्)

इडे भारति श्रीविद्ये हंसगामिनि पाहि माम् ।
स्वररूपेण त्वं देवि सङ्गीतं ननु देहि मे ।।
ॐ सरस्वत्यै नम आरत्रिकं समर्पयामि ।

◎ *O Goddess Iḍā (Daughter of Manu)! O Bhāratī (Goddess of speech)! O Hamsagāminī (Rider on swan)! O Shrī Vidyā (Goddess of education)! please protect me and give me sweet tunes of music.*

(पुष्पाञ्जलिः)

पिङ्गलां मङ्गलां मायां ब्रह्माणिं कमलासनाम् ।
कादम्बरीं कलां प्रज्ञां वन्देऽहं वरदायिनीम् ।।
ॐ सरस्वत्यै नमः पुष्पाञ्जलिं समर्पयामि ।

◎ *O Goddess of O Kādambarī! O Pingalā! O Mangalā! O Kamalā! O Brahmāṇī! O Kalā! O Prajñā! I pray and salute you, O Giver of the boons!*

गीता छन्द[4]

। । ऽ, । ऽ ।, । ऽ ।, ऽ । ।, ऽ । ऽ, । । ऽ, । ऽ

(शारदा प्रार्थना)

वरदान दे स्वरदे! कृपा कर, वंदना मम, ज्ञानदे! ।
सब काम हो यशमान, हार्दिक याचना मम, ज्ञान दे ।।
वरदे! हमें कमनीय उज्ज्वल विश्व में अभिधान हो ।
मम मातृ भारत भूमि का, हमको सदा अभिमान हो ।।

◎ **A Prayer to Sarasvatī :** *O Giver of the boons! O Giver of the music! please have mercy up on me, I pray to you. O Giver of knowledge! may we be successful in all our endeavors. May our names be good in the world and may we be proud of our motherland India.*

3. संस्कृतदेववाणीवन्दना :

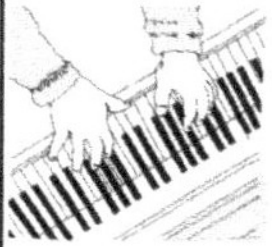

3. Obeisance to Sanskrit Deva-Vāṇī

गीत 4

संस्कृतवाणी अष्टकम्

♫ ग–ग–ग गगरे– म–ग– प–प– म–म–म ग–पम– ।
रे–रे–रेप– म ग–रे– सा, रे–गम–प– म ग– रेसा– ।।

सर्वासु मधुरा दिव्या, रम्या गीर्वाणभारती ।
सर्वोत्तमा च श्रेष्ठा च, देववाणी च या मता ।।

देशवैदेशिकानां च भाषाणां जननी शुभा ।
दोष विकारशून्या सा व्याकरणसुमंडिता ।।

---

[4] ♫ **गीता छन्द** : इस 20 वर्ण, 28 मात्रा वाले छन्द में स ज ज भ र स गण और एक लघु तथा एक गुरु वर्ण आता है । इसका लक्षण सूत्र । । ऽ, । ऽ ।, । ऽ ।, ऽ । ।, ऽ । ऽ, । । ऽ, । ऽ इस प्रकार होता है । इसमें 5–12–20 पर वैकल्पिक विराम होता है ।

▶ लक्षण गीत : ✍ **दोहा॰ मात्रा अट्ठाईस में, स ज ज भ र स गण वृंद ।**
लघु गुरु मात्रा अंत का, पावन "गीता" छंद ।। 55

गिरा समाधिमास्थाय साक्षात्कृता महर्षिभिः ।
आशासिता गणेशेन गीर्देव्या विश्वकर्मणा ।।

ज्ञानविज्ञानसंयुक्ता छंदस्सङ्गीतसंयुता ।
गेया ज्ञेया च स्मर्तव्या, वन्द्या हृद्या मनोरमा ।।

न कठिना न क्लिष्टा च नान्यूना नाऽनियंत्रिता ।
सुरसा च सुबोधा च ललिता सरला तथा ।।

अमृता मञ्जुला पुण्या मनोज्ञा विश्ववन्दिता ।
गीता वेदेषु शास्त्रेषु रामायणे च भारते ।।

विरचिता गणेशेन सरस्वत्या सुमण्डिता ।
वाल्मीकिना च व्यासेन, कालिदासेन गुम्फिता ।।

कवितागीतपद्यैश्च चरित्रं रामकृष्णयोः ।
रत्नाकरेण वृत्तेषु छन्दोरागेषु प्रस्तुतम् ।।

✍दोहा॰ संस्कृत सबसे दिव्य है, सुंदर मधुर महान ।
अमृत वाणी है यही, सरस्वती वरदान ।।

ऋषि मुनियों ने प्राप्त की, परम लगा कर ध्यान ।
किरपा से गणनाथ की, ध्यानी पाये ज्ञान ।।

देश विदेशी भाष की, संस्कृत मंगल मात ।
दोषशून्य, समृद्ध जो, व्याकरण निष्णात ।।

युक्त ज्ञान विज्ञान से, छंद काव्य का स्त्रोत ।
सुरस मनोरम गेय जो, शब्द प्रभा की ज्योत ।।

ना ही कठिन न क्लिष्ट है, ना ही त्रुटि का नाम ।
सुरस सरल सुखदायिनी, कलित सुबोध ललाम ।।

विश्ववंदिता मंजुला, गाते तीनों लोक ।
पावन वाणी वेद की, रामयण के श्लोक ।।

भाषा रची गणेश ने, सराहते हैं व्यास ।
बाल्मिक कालीदास ने, धन्य किया इतिहास ।।

छंद राग लय वृंद में, राम कृष्ण का गीत ।
रत्नाकर ने है रचा, विविध ताल संगीत ।।

◎ **Sanskrit :** *Sweetest and most divine among all world languages, Sanskrit is charming and most superior. Therefore, it is called Deva-Vāṇī (Language of the Gods). It is the holy mother of national and many international languages. It is free from faults. Its grammar is most systematic. The language has been received by the Mahārishis (great sages) through contemplation and meditation on Brahma (the Supreme). It is blessed by Lord Gaṇesha, Goddess Sarasvatī and Lord Vishvakarmā (Maker of the Universe). It is filled with knowledge, science, poetry and music. It is melodious, auspicious to learn and remember. It is praiseworthy, soothing to mind, touching to the heart and enjoyable. It is neither difficult nor complicated. It is neither arbitrary nor loose. It is filled with the nine moods, educational, literary and simple. It is nectar like sweet, delicate, sacred. It is respected and adored worldwide. It is sung in the Vedas, Purāṇs, Rāmāyaṇ and Mahābhārat. It is written by Lord Gaṇesha, composed by Goddess Sarasvatī and exhibited by Vālmīki, Vyāsa and Kālīdasa. In this Sangīt-Shrī-Krishṇa-Rāmāyaṇ, it is illustrated by Ratnākar in poetic and musical Chhandas (meters) and Rāgas.*

4. हिंदी वाणी वंदना :

Obeisance to Hindī language

गीत 5

(राष्ट्रभाषा हिंदी)

स्थायी

वाणी सरस्वती की, ये देन गणपति की ।
उज्ज्वल ये संस्कृति की, हिंदी है राष्ट्रभाषा ।।

♫ रे–रे– मप–मग– रे–, म प–ध पपमग– म– ।
नि–ध– प मगरे– म–, ध–प– म ग–मरेग– ।।

अंतरा–1

सुनने में है लुभानी, गाने में है सुहानी ।

Obeisance to Hindī language

सबसे मधुर ये वाणी, ब्रह्मा इसे तराशा ।।

♬ निनिध- प म- पध-प-, सां-नि- ध प- धपम- ।

रेरेरे- गप- म ग-म-, ध-प- मग- मरेग- ।।

अंतरा-2

संस्कृत से ये बनी है, ऊर्दू से ये सनी है ।

संगीत मय बनी है, सुंदर है हिंदी भाषा ।।

अंतरा-3

हिंदी ये वो जुबाँ है, जिस पर सभी लुभाँ हैं ।

दुनिया का हर सूबा ही, हिंदी का है निबासा ।।

अंतरा-4

मनहर गुलों की क्यारी, बोली सभी से न्यारी ।

हिंदी है सबको प्यारी, चाहे जो हो लिबासा ।।

◎ **A Prayer to Hindī Bhāshā :** ***Sthāyī :*** *The language created by Goddess Sarasvatī and which is a gift to the world from Lord Gaṇesha, that Hindī, the language of a rich heritage, is our National language.* ***Antarā : 1.*** *Hindī is pleasing to hear and charming for singing. It is the sweetest of all languages. It is sculpted by Lord Brahmā himself.* ***2.*** *It originated from the divine Sanskrit language. It is enriched with the Urdū language. It is musical. It is beautiful.* ***3.*** *Hindī is that language which everyone loves. There is no country in the world where Hindī people do not live and where Hindī is not used for poetry and singing.* ***4.*** *Hindī is a charming garden of flowers, itis unique and loved by everyone, regardless of his dress and face.*

दोहा॰ वाणी कीन्ही शारदा, गणपति की है देन ।
परंपरा उज्ज्वल जिसे, सुंदर उसकी बैन ।।

हिंदी हमरी मातु है, हमको देती ज्ञान ।
देकर दैवी संस्कृति, दूर करे अज्ञान ।।

संस्कृत वाणी की सुता, उर्दू की है मात ।
नौ रस से है जो भी, ज्ञानी जन को ज्ञात ।।

देवनागरी है लिपी, पवित्र हैं उच्चार ।
गद्य पद्य व्यवहार में, छंद राग शृंगार ।।

संस्कृत की ये उपनदी, अमृत इसका तोय ।
उर्दु सरिता समा गयी, गहरी नदिया होय ।।

नवम सदी में हो गये, कविवर गोरखनाथ ।
हिंदी भाषा फिर बढ़ी, बरदाई के साथ ।।

तुलसी मीरा जायसी, कबीर रामानंद ।
सूरदास रैदास के, पद दीन्हे आनंद ।।

दोहा रोला कुंडली, चौपाई के संग ।
कवित्त सोरठ छंद से, हिंदी पद में रंग ।।

हिंदी भाषा सुगम है, कहते संत सुजान ।
चारु मनोरम सुखद है, जिन्हें काव्य का ज्ञान ।।

सुरस सुलभ सुखकार है, जग में भाषा एक ।
हिंदी वह शुभ नाम है, जानत हैं जन नेक ।।

हिंदी में जो शान है, और न पायी जाय ।
हिंदी जो है जानता, वही समझ यह पाय ।।

ऐसा कोई देश ना, जहाँ न हिंदी लोग ।
जहाँ काव्य संगीत में, हिंदी का न प्रयोग ।।

अलंकार से जो भरी, तुमने, हे वागीश! ।
हिंदी भाषा दी हमें, धन्यवाद, जगदीश! ।।

हिंदी भाषा से हमें, रहे सदा ही प्यार ।
हिंदी भाषा को नमो, नमः कहो शत बार ।।

◎ **A Prayer to Hindī Bhāshā :** *Hindī language is made by Goddess Sarasvatī and is gifted to the world by Lord Gaṇesha. It has a supreme heritage and it is beautiful to speak. Hindī is our mother, as Sanskrit is our grand mother. It gives us a divine knowledge and removes or ignorance. It is a daughter of Sanskrit and it is the mother of* *the Urdū language. Urdū came from Hindī with its grammar and vocabulary. The wise people know this fact. It is filled with all the nine moods of the literature. It is written in the celestial Devanāgarī script. Its sounds are pure and sublime. It is most suited for prose and poetry and general conversations. It is a branch river of Sanskrit. Its water is like the amrit nectar. The river of Urdū merged in to Hindī. Thus, Hindī is a vast and deep river. It took shape in the ninth century and grew as a language of poetry with the poet Gorakhnāth. It then grew with the writings of Prithvīrāj Rāso of the great poet Chānd Bardāī. It is brought to the highest point by poet Goswāmī Tulsīdās and with the devotion of Mīrā bāī, Kabīr, Rāmānand, Sūrdās, Ravidās, etc. They composed Dohās, Chaupāīs, Rolās, Sorṭhās, Kunḍliyās and many other Chhandas (meters) and made it a popular poetic language. The learned people know that Hindī is the only easy, adorable, sweet, beautiful and pleasure giving language in the world. The majesty that is in Hindī language is unparallel. Therefore, there is no country in the world where Hindī is not popularly spoken and used for poetry and singing. Many thanks to that Lord who made this language so ornamental and rich. We love that language. Let us salute that great language.*

गीत 6

दादरा ताल

(राष्ट्रभाषा हिंदी)

स्थायी

गीत शारद ने मंजुल है गाया, साज नारद मुनि ने बजाया ।
रत्नाकर से है मंगल रचाया, रामायण को है सुंदर सजाया ।।

♫ म-ग म-म- म प-म- ग म-प-, रे-ग म-म- मध- प- मग-म- ।
रेगम-म म- म ध-प- गम-प-, रे-ग-म- म- म ध-प- मग-रे- ।।

अंतरा-1

सारी दुनिया में सबसे जो प्यारी, वही भाषा है हिंदी हमारी ।
ब्रह्मा जी ने है जिसा है तराशा, देववाणी की कन्या है न्यारी ।।

♫ सांसां निनिरें- सां धधनि- ध प-म-, सांसां नि-रें- सां ध-ध- नि-ध- प-म-
मग म- म- म प- म- गम-प-, रे-गम-म- म ध-प- म ग-रे- ।।

अंतरा-2

छंदों से जो भाषा सजी है, राग सुर से जो रंग रजी है ।
नौ रस में विधाता रची है, वो जुबाँ है हमारी पियारी ।।

अंतरा-3

तुलसी ने जो उज्ज्वल बनायी, मीरा ने जो भक्ति से गायी ।
उसमें स्वरदा की माया समायी, वो हिंदी है गुलशन की क्यारी ।।

◎ **A Prayer to Hindī Bhāshā :** ***Sthāyī :*** *Sarasvatī is singing the song in sweet melody while Shrī Nārad muni is playing the Vīṇā. Ratnākar composed the auspicious poem and beautifully adorned the story of Rāmāyaṇ with various Rāgas and Chhandas.* ***Antarā : 1.*** *The language that is adored most in the world that language is our Hindī. The language that is carved by Lord Brahmā himself and the language is that is the daughter of the divine Sanskrit, is our Hindī.* ***2.*** *The language that is ornate with Chhandas and is colourful with Rāgas, is our Hindī. The language that is made by the maker of the world with the nine moods, is our Hindī. The language made famous by Tulsīdās and devotional by Mīrā, is our Hindī. The language that has the glory of Goddess Sarasvatī, is the rose garden of Hindī.*

5. श्री लक्ष्मीनारायण स्तुति :

गीत 7 : राग बिहाग,[5] कहरवा ताल

(श्री लक्ष्मी वंदना)

स्थायी

जय लक्ष्मी धन दायिनी जय हो, जन गण जीवन शुभ सुख मय हो ।
जय जननी वर दायिनी वर दो, सत् चित से मम तन मन भर दो ।।

♫ सासा मगप- निसां नि-पमं गम ग-, निनि पप प-गम पमं गम गरे सा- ।
सासा मगप- निसां नि-पमं गम ग-, निनि पप प- गम पमं गम गरे सा- ।।

अंतरा-1

कर कमलों में पद्म तिहारे, लाल कमल पर पद हैं तुम्हारे ।

---

[5] 𝄞 **राग बिहाग :** यह बिलावल ठाठ का राग है । इसका आरोह है : ऩि सा ग, म प, नि सां । अवरोह : सां नि, ध प, मं प ग म ग, रे सा । यह राग बिलावल ठाठ का होकर भी इसमें कल्याण राग की तरह से तीव्र म मिलाया जाता है ।

▶ लक्षण गीत : ✍ **दोहा॰ तजे रे ध आरोह में, अवरोह में म तीव्र ।**
ग नि वादि संवाद का, "बिहाग" गहन अतीव ।। 188

♫ मम गमप- नि- सांसांसां सांसांरेंसां-, निसांगं रेंसांनि धप गम प मगरेसा- ।

अंतरा–2

केयूर कंठी मुंदरी माला, हार मुकुट नथ काजल काला ।

अंतरा–3

धन की राशी कर में तुम्हारे, भाग जगाती पल में हमारे ।

अंतरा–4

जय जय देवी जय जगदंबे, तेरी शरण में भगतन बंदे ।

◎ **A Prayer to Lakṣhmī-Nārāyaṇa :** ***Sthāyī :*** *Victory to you, O Goddess Lakṣhmī! the Giver of wealth! O Goddess! please make our lives fortunate and filled with happiness. Victory to you, O Mother! O Giver of boons! please give us boon and make my body, soul and mind filled with truth and peace.* ***Antarā : 1.*** *In your hands you have a lotus flower and your feet are on a red lotus.* ***2.*** *You are wearing arm bracelets, garland, ring, nose-pin and black antimony.* ***3.*** *In your hands is pile of money, which makes us fortunate in a single moment.* ***4.*** *Victory to you, O Jagadambā! Your devotees are at your feet.*

गीत 8 : राग यमन

(भाग्य लक्ष्मी)

स्थायी

भाग्य लक्ष्मी चंचल देवी, सिद्धि दायिनी ताप हारिणी ।

सुंदर मंगल आरती तेरी ।।

♫ ग–ग गपरेरेसारे म॑–म॑प रे–सा–, नि़ध़ नि़ रे–रेरे– म॑धनि धम॑धप– ।

प–सांनि प–म॑ग गरेगप रे–सा– ।।

अंतरा–1

पावन मूरत सूरत प्यारी, धन की देवी मन को सुखारी ।

♫ म॑–गग म॑–धध धनिसांसांसां निरेंसां–, निरें गरें निरेंसां– पम॑ ग परे–सा– ।

अंतरा–2

कंगन कुंडल कुंदन कंठी, पैंजन अंगद बिंदी मुंदरी ।

अंतरा–3

बाजत ढोलक घुँघरू घंटी, गात हैं संत महंत पुजारी ।

अंतरा–4

नारद शारद पुष्प की वृष्टि, कुबेर किन्नर शंकर गौरी ।

◎ **A Prayer to Lakṣhmī-Nārāyaṇa :** ***Sthāyī :*** *O Goddess of fortune! O Lakṣhmī! O Chañchala Devī! O Giver of success! O Remover of suffering! we are doing your beautiful Ārtī.* ***Antarā : 1.*** *Your image is holy and face is lovely. You are the Goddess of wealth. You please our mind. All the devotees are at your feet.* ***2.*** *Your armlet, bangles, ear-rings, necklace, ring and Bindī are beautiful.* ***3.*** *We are playing Ḍholak, Ghunghrū and Ghaṇṭī. The devotees, saints and priests are singing.* ***4.*** *Nārad muni, Shāradā, Kuber, Kinnara and Gaurī are showering flowers on you.*

ॐ **श्लोक:**

सत्त्वं विभूतिमद्यद्धि श्रीमदूर्जितमेव वा ।

तत्तदेवावगन्तव्यं हरेरेकांशसम्भवम् ।। 97

(लक्ष्मी नारायण)

लक्ष्मी नारायण की माया, अगाध कोई पार न पाया ।

काल बिकट जब जब घिर आया, धरती पर अवतार धराया ।। 71/5205

◎ **A Prayer to Lakṣhmī-Nārāyaṇa :** *Whatever lofty and supreme there is in the three worlds, it arises from a fine particle of Hari's grace only. This principle ought to be known. No one has understood the divine power of Lakṣhmī-Nārāyaṇa. Whenever a difficult time arises, they appear on the earth in human form for the protection of good. This principle ought to be known.*

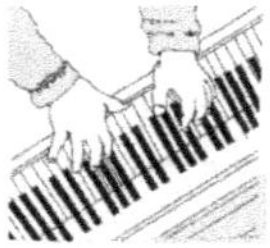

गीत 9

(ब्रह्म, विष्णु, शिव)

स्थायी

आदि ब्रह्म है, मध्य विष्णु है, अन्त सबका महेश है ।
कर्म राम है, धर्म कृष्ण है, ज्ञान सबका गणेश है ।।

♫ रे–ध प–म ग–, रे–प म–ग म–, सांनि धपम– गम–ग रे– ।
म–ग प–म ग–, ध–प म–ग म–, नि–ध पमग– गम–ग रे ।।

अंतरा–1

ब्रह्मा है लाता, विष्णु जगाता, सबको लेजाता महेश है ।
राम रमाता, श्याम समाता, ज्ञान का सोता गणेश है ।।

♫ निसा रे सा–नि–, गम पम–ग–, ध–नि सांनि–ध– पम–ग रे– ।
गम पम–ग–, पध निध–प–, नि–ध प ध–म– गम–ग रे– ।।

अंतरा–2

ब्रह्म विधाता, विष्णु है धाता, मुक्ति का दाता महेश है ।
राम निभाता, श्याम है भाता, बुद्धि बढ़ाता गणेश है ।।

अंतरा–3

ब्रह्म अनंता, विष्णु नियंता, विश्व का अंता महेश है ।
रघु बलवंता, हरि भगवंता, श्री एकदंता गणेश है ।।

अंतरा–4

ब्रह्म है मंडन, विष्णु है स्पंदन, जगत निकंदन महेश है ।
राम रघुनंदन, हरि जगवंदन, सब स्वर व्यंजन गणेश है ।।

◎ **A Prayer to Brahmā-Vishṇu-Shiva :** ***Sthāyī :*** *Brahmā is the beginning, Vishṇu is the middle and Shiva is the end. Shrī Rāma is the karma, Shrī Krishṇa is the dharma (duty) and Gaṇesh is the knowledge.* ***Antarā : 1.*** *Brahmā brings, Vishṇu sustains and Shiva takes it away. Shrī Rāma gives delight, Shyāma pervades, Gaṇesh is the source of knowledge.* ***2.*** *Brahmā is life giver, Vishṇu is provider and Shiva is giver of freedom. Shrī Rāma helps, Shrī Krishṇa pleases and Gaṇesh enriches our thinking.* ***3.*** *Brahmā is infinite, Vishṇu is limit, Shiva is the end of the world. Shrī Rāma is power, Shrī Krishṇa is glory and Gaṇesh is One-toothed God of wisdom.* ***4.*** *Brahmā is the birth, Vishṇu is the heart beat and Shiva is the death. Shrī Rāma is Son of Dashrath, Shrī Krishṇa is worshipped by everyone and Gaṇesh is the God of learning.*

ॐ **श्लोकौ**

विष्णुभार्यां रमां लक्ष्मीम्–इन्दिरां श्रीधरप्रियाम् ।
धनदां वरदां देवीं नमामो हरिवल्लभाम् ।।

नारायणीं महालक्ष्मीं पद्मिनीं कमलासनाम् ।
ईश्वरीं सर्वभूतानां स्वर्णवर्णां च धीमहि ।।

◎ **A Prayer to Lakshmī-Nārāyaṇa :** *We pray to Lakshmī, the wife of Vishṇu. She is Indira, the beloved of Shrīdhara. She is the Giver of wealth and the Goddess of boons. She is beloved of Hari. Let us contemplate on Nārāyaṇī. She is Mahā-Lakshmī and Padminī (Seated on lotus flower). She is seated on a red lotus. She is the Goddess of all beings. Her colour is golden. All devotees desire for Lakshmī's mercy on them. O Lakshmī! please dwell in my heart day and night. O Jagadambā (Mother of the Universe)! please protect us. O Ambā (Mother)! please protect us. All beings depend on your grace.*

गीत 10 : राग खमाज, कहरवा ताल 8 मात्रा

(ह्रीं क्लीं लक्ष्मीम्)

स्थायी

ह्रीं क्लीं लक्ष्मीं, गदा शंख पंकज कलश धन धारिणीम् ।
वन्दे अहं पद्मिनीं, भव भय हारिणीं, नारायणीम् ।।

♫ प– ध– नि–सां–, निध– नि–ध प–मग पमग मग रे–मग– ।
सा–म– गरे– ध–पम–, गम पम प–मग–, ग–रे–नि–सा– ।।

अंतरा–1

मंगलां धन दायिनीं, सुख कारिणीं, विष्णुपत्नीम् ।
सुर पूजितां, त्रिभुवन धारिणीं, श्रीयं, भव जल तारिणीम् ।।

♫ सां–धसां– सांनि सां–रेंसां–, सांनि ध–पध–, प–मग–रे– ।
सारे ग–मप–, रेगमप ध–निध–, नि–ध–, मग मग रे–ऩिसा– ।।

अंतरा–2

चंचलां, गरूडारूढां, अघ हारिणीं, परमेश्वरीम् ।
नाना अलंकार विभूषितां, देवीं, परम सुहासिनीम् ।।

अंतरा–3

सुंदरीं, वर दायिनीं, दुःख हारिणीं, बुद्धिसिद्धिम् ।
सुरमातरं, विमलां, भगवतीं, शक्तिं, कलि मल दाहिनीम् ।।

◎ **A Prayer to Lakṣhmī-Nārāyaṇa :** ***Sthāyī :*** *I pray to Goddess Lakṣhmī, the Bearer of mace, conch shell, lotus, water pitcher and wealth. I pray to Nārāyaṇī (Wife of Viṣhṇu Nārāyaṇa), the Goddess seated on lotus, the Remover of worldly fears.* ***Antarā : 1.*** *I salute the Auspicious wife of Viṣhṇu, the Giver of wealth and happiness, the One worshipped by Gods, the One who sustains three worlds, the Boat of worldly ocean.* ***2.*** *I pray to the Supreme joy giver Goddess Lakṣhmī, the Nirmalā (the auspicious), the Goddess riding on eagle, the Remover of sins, the One adorned with various ornaments.* ***3.*** *I worship the Beautiful Goddess Lakṣhmī, the Giver of success and prosperity, the Mother of Gods, the Pure one, the Power of Gods, the Remover of impurities from the mundane world.*

6. श्री गुरु वन्दना :

5. Prayers to Guru

(श्री गुरुवन्दना)

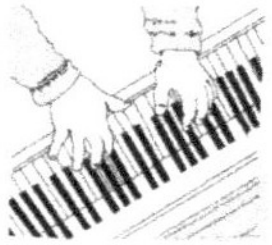

गीत 11 : मोटक छन्द[6]

ऽ ऽ ।, । ऽ ।, । ऽ ।, । ऽ

(राग : काफी)

♫ सानि़सा–रे रेग– मम प–म गरे– ।
सा–रे–ग पम– गरे म–ग रेसा– ।।
सा– रे–ग मप– निसां रें–सांनि ध– ।
प–ध– निधप– गम प–ग रेसा– ।।

(श्री गुरु)

संगीत मुझे गुरु देव दिया ।
रंगीन जिने मम विश्व किया ।। 1

है छन्द दिया गुरु पिंगल ने ।
दोहे कविता रस रंग दिया ।। 2

वृत्तांत कहा सब नारद ने ।
आशीष दिया शुभ शारद ने ।। 3

योगेश्वर श्री हरि योग दिया ।
गीता कहके भवबोध किया ।। 4

◎ **A Prayer to Guru :** *Guru poured music in my heart and coloured my world with it. Pingala and Sarasvatī gave me the Chhandas (meters) and made me able to compose this poem of Shrī-Krishṇa-Rāmāyaṇ in 450 different Chhandas. Shrī Nārad muni gave me the stories and Shāradā gave me the blessings to write the 333 musical stories. Yogesha Shrī Krishṇa told the yogas and gave me the understanding of phenomenon of the world.*

श्लोकाः

गुरुं विना न विद्वत्ता पाण्डित्यं न कलानिधिः ।
प्रज्ञा विद्या न ज्ञानं हि वैदुष्यं न विवेचना ।।

गुरुर्ददाति सद्बुद्धिं सद्विचारं सदा सुखम् ।
दर्शयति स सन्मार्गं सारासारविवेचनम् ।।

(तस्मात्)

परब्रह्म गुरुर्देवो गुरुश्च शिवशङ्करः ।
नहि गुरुं विना युक्तिः–तस्माच्छ्रीगुरवे नमः ।।

(अर्थात्, हिंदी श्लोक)

गुरु ब्रह्म तथा विष्णु गुरु ही शिव शंकर ।
बिना गुरु नहीं विद्या वन्दना गुरु को सदा ।।

◎ **A Prayer to Guru :** *Without guru there is no erudition and learning of the skills, no knowledge, no wisdom, no right thinking and no righteous thinking. Guru gives the right thoughts and happiness. He shows the right path and discernment of right and wrong. Guru is Godly, he is Shiva. Obeisance to the Guru. In other words, guru is Brahmā, he is Viṣhṇu, he is Shiva. Without him, there is no learning. Salute to the Guru.*

---

[6] ♫ **मोटक छन्द** : इस 11 वर्ण, 16 मात्रा वाले छन्द में त ज ज गण और एक लघु और एक गुरु वर्ण आता है । इसका लक्षण सूत्र ऽ ऽ ।, । ऽ ।, । ऽ ।, । ऽ इस प्रकार है । इसमें 5, 11 वर्ण पर विकल्प यति आता है ।

▶ लक्षण गीत : **दोहा॰ मात्रा सोलह से सजा, त ज ज और ल ग अंत ।**
वर्ण पाँच पर यति जहाँ, जाना "मोटक" छंद ।। 81

7. परम कवि श्री व्यास वन्दना :

13. Prayers to Poet Vyāsa

गीत 12

पृथ्वी छन्द:[7]

। ऽ ।, । । ऽ, । ऽ ।, । । ऽ, । ऽ ऽ, । ऽ

♫ मप- धपमग-, गम-पमगरे-, सारे- मगरे सा-

(व्यासवन्दनम्)

महाकविवरो रविर्मतिमयो मुने व्यास त्वम् ।
त्वया विरचितं गुरो सुललितं बृहद्वाङ्मयम् ।। 1
तथा च लिखितं सनातनकृतं महाभारतम् ।
करोमि नमनं प्रभुं परमव्यासद्वैपायनम् ।। 2

◎ **A Prayer to Vyāsa :** *O Vyāsa Muni (sage)! you are the most prolific among the poet laureates of the world that ever existed. You are the sun among the stars of the world literature. O Guru! you have composed a vast gallery of literature that is easy to understand but highest in literary qualities. You classified the ancient Vedas and wrote the epic of Mahābhārat. O Lord! I pray to you, O Parama-Vyāsa-Dwaipāyana!*

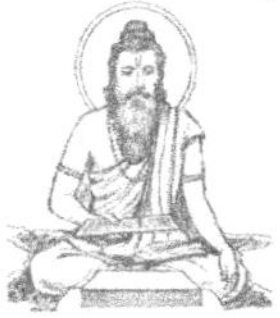

गीत 13

(व्यासस्तोत्रम्)

श्लोका:

कृष्णद्वैपायन: कृष्णो वेदव्यासेति संज्ञित: ।
ज्ञानी विशालबुद्धिश्च व्यासो ज्ञातो महामुनि: ।।
♫ म-मम-म-मग- प-म- प-पप-धध म-गम- ।
रे-रे- गम-पम-ग-रे- रे-ग- म-प- धप-गम- ।।

पाराशरश्च कालेयो व्यास: सूतगुरुस्तथा ।
सङ्कलितानि व्यासेन शास्त्राणि दर्शनानि च ।।

ऋतं कृतं हि व्यासेन वाङ्मयं सार्वभौमिकम् ।
वेदपुराणवेदाङ्गसाहित्यममरं ध्रुवम् ।।

मुनिना लिखितं विश्वं यद्विश्वे समुपस्थितम् ।
व्यासज्ञातं जगत्कृत्स्नं कृतं च सार्वलौकिकम् ।।

भारतं भारते गीता व्यासेन लिखिता पुरा ।
गीतायामद्भुत: पुण्य: संवाद: कृष्णपार्थयो: ।।

गीताया य: सदाचारम्-अनुसरति मानव: ।
कृष्णभक्तश्च विद्वान्स सर्वपापाद्विमुच्यते ।।

✍दोहा॰ महा मुनीश्वर व्यास ने, दीन्हा “भारत” ज्ञान ।
संस्कृत वाणी में किया, गीता का आख्यान ।।

वंदन मुनिवर व्यास को, कविवर! आप महान ।
आशिष दीजो, मैं लिखूँ, राम कृष्ण का गान ।।

◎ **A Prayer to Vyāsa :** *Vyāsa Muni is known as Krishṇa-Dwaipāyana, Krishṇa, Vyāsadeva, Jñānī, Vishāla-buddhi, Mahāmuni, Parāshara, Kāleya, Sūta-guru, etc. He edited the scriptures. Vyāsa made the literature of Vedas, Vedangas, Purāṇas, Mahābhārat and Gītā immortal and unparallel. There he wrote poetry of everything that exists in the world in any shape or form. The Gītā is the divine dialogue between Lord Shrī Krishṇa and Arjun. It has the divine guidance for mankind. He who reads and follows it, is released from his sins and the worldly cycle of births and deaths. He is also known as Mahā-munīshvara, the greatest Lord of the sages. He made the Sanskrit*

---

[7] ♫ **पृथ्वी छन्द** : इस वृत्त के चरण में 17 वर्ण और 24 मात्रा होती हैं । इसमें ज स ज स य गण आते हैं, अन्त में लघु गुरु वर्ण । इसका लक्षण सूत्र । ऽ ।, । । ऽ, । ऽ ।, । । ऽ, । ऽ ऽ, । ऽ होता है । इसमें 8-9 वर्ण पर यति विकल्प से आता है । प्रस्तुत पद्य मप-धपमग- गम-पमगरे- सारे- मगरे सा- इस प्रकार गाया बजाया जा सकता है ।

▶ लक्षण गीत : ✍ **दोहा॰ मत्त चौबीस से सजा, ज स ज स य, ल ग से अंत ।**
सत्रह वर्ण, सुवर्ण सा, सुंदर “पृथ्वी” छंद ।। 157

language stand tall in the world. Salute to you, O Great poet! please bless me so that I may be able to write this musical poem of Shrī-Krishṇa-Rāmāyaṇ.

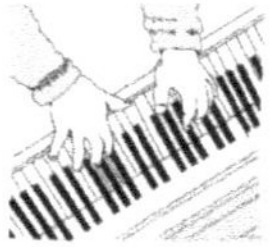

गीत 14 : राग मालकंस, कहरवा ताल 8 मात्रा

(श्री व्यास वंदना)

स्थायी

स्वरदा ने मंजुल गाया है, नारद ने साज बजाया है ।
रत्नाकर गीत सजाया है ।।

♫ ममगम गसा निसाधनि सा-म- म-, म-गम गसा निसाध़ नि-सा-म- म-।
निनिनि-निनि नि-नि निधनिसांनि धम- ।।

अंतरा-1

व्यास मुनीश्वर विशाल बुद्धि, परम ज्ञान का सागर हैं ।
नभ के चंदा सूरज के सम, व्यास अमर्त्य कहाया है ।।

♫ ग-म मध-निनि सांसां-सां गंनिसां-, निनिनि नि-नि निध धनिसांनि धम- - - ।
गग म- ध-नि- सां-सांसां गंनि सांसां, नि-नि निनि-नि निधनिसांनि धमगसा ।।

अंतरा-2

धन्य धन्य है भारत माता, वेद व्यास सा पूत उसे ।
आशिष तुम पर है गणपति का, व्यास महर्षि! नमन तुम्हें ।।

अंतरा-3

कृष्णद्वैपायन कविवर की, वाणी सुधा रस अमृत है ।
भगत ये प्यासा ज्ञान पान का, गीत तिहारे गाया है ।।

◎ **A Prayer to Vyāsa :** ***Sthāyī :*** *Ratnākar composed the melody, Sarasvatī sang it beautifully, while Shrī Nārad muni played the Vīṇā.* ***Antarā : 1.*** *Vyāsa, the Mahā-munīshvara (the Great Lord of the sages), the Vishāla-buddhi (the One with vast mind), is the ocean of supreme knowledge. Like the sun and the moon in the sky, he is also immortal among the poets.* ***2.*** *Blessed is the Mother India who has a son like Ved-Vyāsa. O Vyāsa! you are blessed by Gaṇesh and Sarasvatī. I Salute to you.* ***3.*** *The language of Krishṇa-Dwaipayana-Vyāsa is amrit. This devotee of yours, thirsty of knowledge, sings prayer in your praise, O Vyāsa!*

8. स्कंद पुराण वन्दना :

श्लोकाः

अष्टादशपुराणेषु स्कन्दं ज्ञातं महत्तमम् ।
पवित्रं सर्वश्रेष्ठं यत्-ज्ञानिभिर्मतमुत्तमम् ।।

शिवेन कथितं स्कन्दं कैलास शिखरे पुरा ।
पार्वत्यग्रे महापुण्यं ब्रह्मादिनां च सन्निधौ ।।

पार्वत्या कार्तिकियाय निन्दिगणाय तेन तत् ।
नन्दिना दत्तदेवाय दत्तेन व्यास धीमते ।।

व्यासेन लिखितं पूर्नं रम्यं गूढं महत्तमम् ।
अष्टलक्षेषु श्लोकेषु सूतदेवाय धीमता ।।

सूतेन नैमिषारण्ये भूमौ प्रकीर्तितं ततः ।
प्रकाशितं व्रतं तस्मात्-सत्यनारायणस्य वै ।।

दोहा॰ शिव ने गौरी को कहा, पावन स्कंद पुराण ।
ब्रह्माजी ने फिर सुना, नारद कीन्ह गान ।।

अंबा ने केलास पर बोला स्कन्द पुराण ।
सुना षड़ानन ने उसे, सहित पवित्र प्रमाण ।।

उसने नंदी वृषभ को, कहा पूर्ण आख्यान ।
नंदी ने वह दत्त को, दिया दिव्य वह ग्यान ।।

दत्तात्रय ने व्यास को, कहा स्न्द संक्षिप्त ।
लिखा श्यास ने शास्त्र वो, श्लोक छन्द मे दीप्त ।।

अस्सी हजार श्लोक का, सबसे बड़ा पुराण ।
स्कन्द व्यास ने सूत को, दिया सहित सम्मान ।।

पृथ्वी पर वह सूत ने, लाकर ग्रंथ महान ।
स्कन्द नैमिषारण्य में, किया अनावृत ज्ञान ।।

जिसके रेवा खंड में, सत्य व्रत अनुष्ठान ।
पूजन का विधि है कहा, प्रसाद का पपिणाम ।।

ऐसे पूज्य पुराण को, लाखों लाख प्रणाम ।
सत्य व्रत कथा जो पढ़े, धन्य उसीके प्राण ।।

8. श्री शिव पार्वती वन्दना :

Prayer to Shrī Shiva Parvatī

(शिवजी)

शिव शशिधर! तुम, सबके स्वामी! गिरिजा अरु भगतन अनुगामी ।
भजन स्मरण तुमरे सुखकारी, नर नारी जिनके अधिकारी ।। 2107/5205

सेवक तुमरे ऋषि मुनि ध्यानी, ब्रह्म शूद्र क्षत्रिय सब ज्ञानी ।
अर्धनारी नटेश्वर रूपा! अष्टमूर्ति तुम अगम अनूपा ।। 2108/5205

पँचानन! तुम चिन्मय मूर्ति, त्रिभुवन में तुमरी है कीर्ति ।
द्वादश ज्योतिर्लिंग सवारी, भुवन चतुर्दश दिश हैं सारी ।। 2109/5205

त्र्यंबक मलिकार्जुन ओंकारा, नागो रामेश्वर केदारा! ।
सोमनाथ पशुपति महादेवा! आरत भगतन सब तव सेवा ।। 2110/5205

◎ **Shiva :** *O Four armed Gaṇesh! you have a Swastika on your right hand and sweet Modak on your left hand. You have Ankush (goad) in your third hand and a lotus flower in your fourth hand. Your blessings give good fortune, knowledge, righteous thinking, wealth, honour and success.*

(शिव-पार्वती)

दोहा॰ शिवजी पितुवर जगत के, गिरिजा जग की मात ।
उनके भगत सुपूत हैं, जो भजते दिन रात ।।

सेवक शिव के ऋषि मुनि, ज्ञानी ध्यानी लोग ।
बह्म शूद्र क्षत्रिय भी, वणिक वर्ण संजोग ।।

शिव शंकर नटराज हैं, अर्धनारी अनूप ।
डमरूधर शिवसांब का, अष्टमूर्ति स्वरूप ।।

कीर्ति तीनों लोक में, भुवन चतुर्दश व्याप्त ।
द्वादश ज्योतिर्लिंग को, पंचानन हैं प्राप्त ।।

मलिकार्जुन ओंकार जी, सोमनाथ के नाथ।
महादेव तुम शिव प्रभो, पशुपति भोलेनाथ! ।।

◎ **Shiva :** *O Lord Shiva! the moon adorns your forehead. You are the Lord of all. Girijā (Pārvatī) and your devotees follow you. Your worship gives us pleasure. The Brahmā, sages and saints are at your service. You have an image of half woman and half man. You are well honored in the three worlds. You have four arms. You have five heads. The holiest seven places of your worship are Trimbakeshvar, Malikārjuna, Onkāreshvera, Rāmeshvaram, Kedāranāth, Somanāth and Pashupatināth.*

गीत 15 : कहरवा ताल 8 मात्रा

(शिव शंभो)

हे शिव शंभो! भवानी शंकर! सब संकट हारो ।

♫ सा- रेग रेसासा-! धग-ग रेसासासा! धध धमंमंग रे-ग- - -रेमंगरेसा ।

अंतरा-1

आन पड़े हम भव मझधारे, हे डमरूधर हमें बचा रे! ।
प्रभु हमको तारो ।।

♫ धमंमं मंध- मंध सांसां सांसांनिरेंसां-, सां- रेंगंरेंगंरेंसां सांसां- सांनिसां निध! ।
सारे गधमंग रेसासा- - -ऩिसाऩिध़ ।।

अंतरा-2

भगत खड़े हैं तेरे दुआरे, तेरी दया की आशा धारे ।
अब मंगल कारो ।।

अंतरा-3

दान कृपा का कीजो प्रभु जी, प्रेम की छाया हमको दीजो ।
सब संकट टारो ।।

◎ **Shiva Shambho :** ***Sthāyī :*** *O Lord Shiva Shambhū! O Bhavānī Shankar! please do all good to us.* ***Antarā : 1.*** *We are in the midst of the worldly ocean, O Lord! please* *save us.* **2.** *The devotees are standing at your door step, now be kind to them.* **3.** *O Lord! please give us your mercy and remove all our miseries.*

(गौरी)

गौरी दुर्गे जय जगदंबे! महिषासूरमर्दनी जय अंबे! ।
जय सती माता काली कराली! उमा पार्वती शेराँवाली! ।। 2113/5205

जय जयवंती जय कल्याणी, जय चामुंडा जय रुद्राणी! ।
अष्टभुजा जय जय महादेवी! जय जय गंगे अंबे देवी! ।। 2114/5205

◎ **Gaurī :** *O Pārvatī! O Ambā! O Mahishāsura-mardinī (Slayer of the demon Mahīsha)! O Satī (Pārvatī)! O Mother Kālī (Pārvatī)! O Chamuṇḍā (Pārvatī)! O Rudrani (Pārvatī)! O Aṣhṭabhujā (Pārvatī)! O Mahādevī (Pārvatī)! O Gangā (Pārvatī)! victory to you.*

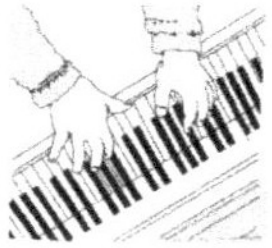

गीत 16 : राग दुर्गा,[8] कहरवा ताल 8 मात्रा

(ओ दुर्गा देवी)

स्थायी

ओ दुर्गा देवी! ओ दुरगा देवी! ओ दुर्गा देवी वर दे ।
ओ किरपा तेरी, ओ किरपा तेरी, ओ किरपा तेरी कर दे ।।
♫ रे म-म- पप-! म प-प- धध-! प धधध- सांध पप म- ।
सा रे-रे- मम-, रे म-म- पप-, म पपप- धप- मरे सा- ।।

अंतरा-1

झोली मेरी, कबसे खा-ली, भरदे झोली, माता काली ।
ओ झोली मेरी, ओ झोली मेरी, ओ झोली मेरी देवी भरदे ।।
♫ सा-रे- म-रे-, ममम- प-म-, पपप- ध-प-, ध-सां- ध-प- ।
म प-प- धध-, प ध-ध- सांध-, प धध पप मम रेरेसा- - ।।

अंतरा-2

नैया मेरी, टूटी डोरी, तूही तारे, माता गौरी ।
ओ नैया मेरी, ओ नैया मेरी, ओ नैया मेरी देवी तरदे ।।

अंतरा-3

गोदी मेरी, मैया खाली, भरदे गोदी, मैया काली ।
ओ गोदी मेरी, ओ गोदी मेरी, ओ गोदी मेरी देवी भरदे ।।

◎ **Durgā :** ***Sthāyī :*** *O Durgā Devī (Pārvatī)! please give me a boon. Please have mercy up on me.* ***Antarā : 1.*** *O Mother Kālī (Pārvatī)! my bowl of alms is empty, please fill it up.* **2.** *O Goddess! the oar of my boat is broken, please take me to the other shore safely.* **3.** *O Goddess Kālī! my lap is empty, please give me a child and make my family complete.*

✍**दोहा॰ जय माँ दुर्गे पार्वती, शिवजी भोले नाथ ।**
मुझे ज्ञान वर दीजिये, गणपति श्री गणनाथ ।।

करके वंदन मैं तुम्हें, अंग झुकाकर आठ ।
श्रीगणेश शुभ मैं करूँ, नारायण का पाठ ।।

◎ **Pārvatī :** *Victory to you, O Pārvatī! O Shiva! O Gaṇesh! please give me good luck and wisdom. I prostrate with my all eight body parts and salute you. Please make my stories of Shrī-Satya-Nārāyaṇ a success.*

---

[8] 𝄞 **राग दुर्गा** : यह काफी ठाठ का राग है । इसका आरोह है : सा रे म प ध सां । अवरोह है : सां ध प म रे सा ।

▶ लक्षण गीत : ✍ **दोहा॰ वर्ज्य ग नि जिस राग में, म सा वादि संवाद ।**
दुर्गा सुंदर राग में, ध रे स्वरों का नाद ।। 275/7068

9. देवर्षि मुनिवर श्री नारद वन्दना :

Prayers to Shrī Nārad muni

श्लोक:

वीणां तां शारदादत्तां गृहीत्वा हि स भ्राम्यति ।
जनहिताय त्रैलोक्यं नादब्रह्मविभूषिताम् ।।

दोहा॰ वीणा दीन्ही शारदा, नादब्रह्म का स्रोत ।
त्रिलोकगामी तू मुने! विश्वज्ञान की ज्योत ।।

जनहित कारण मुनिवर नारद, फिरते त्रिभुवन भ्रमण विशारद ।
शारद दीन्ही दैवी वीणा, विष्णु "वाक्पटुर्भव" वर दीन्हा ।। 62/5205

◎ **A Prayer to Shrī Nārad muni :** *Goddess Sarasvatī gave Vīṇā of Nad-Brahma to Shrī Nārad muni. Shrī Nārad moves in the three worlds holding it to his chest. O Shrī Nārad muni! your Vīṇā is the source of spiritual world knowledge. O Shrī Nārad muni! Vishṇu gave you the boon and you became eloquent. You move everywhere helping the oppressed people.*

गीत 17
(अमृत वाणी)

स्थायी

मुनिवर! अमृत वाणी तोरी । रे, मनहर अद्‌भुत वीणा तोरी ।।
♫ गमपम! ध–पम ग–रे गम– । रे, मपमग पपमग रे–ग पम– ।।

अंतरा–1

नारद शारद ज्ञान की गंगा, अंध पंगु बधिर जड़ गूँगा ।
निर्मल, नीर स्नान करी ।।
♫ सा–ऩिध़ रे–ऩिसा– रे–गप म–म–, ध–प म–ग रेरेरे गम प–म– ।
ध–पप, ग–रे ग–म पम– ।। गमपम...

अंतरा–2

सरबस ज्ञानी अंतर्यामी, जन हित कारण त्रिभुवन गामी ।
निर्भय, धर्म दान करी ।।

अंतरा–3

राम कृष्ण शिव सब अवलंबा, कारज तोरा जुग जुग लंबा ।
निस्पृह, सर्व कर्म करी ।।

अंतरा–4

नारायण नारायण नारा, बार बार मुख करत उचारा ।
तन्मय, अविरत गान करी ।।

◎ **A Prayer to Shrī Nārad muni :** ***Sthāyī :*** *O Munivar (Great sage) Shrī Nārad! your speech is sweet like nectar. O Shrī Nārad muni! your Vīṇā is magical.* ***Antarā : 1.*** *Nārad muni and Shāradā are like Ganges of spiritual knowledge. The blind, lame, deaf, dull and dumb become able to take bath in this Ganges and remove their misgivings. O Sage! you are wise. You can read people's mind to bring them to right path and help them. This is your divine charity. Shrī Rāma, Shrī Krishṇa, Shiva and all gods depend on you. Your holy work goes on for ever and ever. You do it all selflessly.* ***4.*** *O Muni! you sing the chant of Nārāyaṇa! Nārāyaṇa! and devotees listen to it happily.*

श्लोका:

मनुष्यं नारदो देवो दृष्टिक्षेपेण केवलम् ।
भस्मीकरोति तत्कालं यदि स कुपितो भवेत् ।।
♫ गग–ग– ग–गरे म–ग–, म–मम–प–म प–मग– ।
सा–सा–सासा–सा म–ग–रे–, सासा सा– गमग– रेसा– ।।

सर्वे पूजन्ति तस्मात्तं सर्वे बिभ्यति नारदात् ।
सर्वे मुनिं च स्निह्यन्ति नारदं हितकारकम् ।।

नारदः सर्वगो ज्ञातः सर्वज्ञो नारदस्तथा ।
शत्रुर्न कोऽपि मित्रं तं तटस्थो नारदो मुनिः ।।

10. रत्नाकर :

16. Me, Ratnākar

(रत्नाकरोऽहम्)

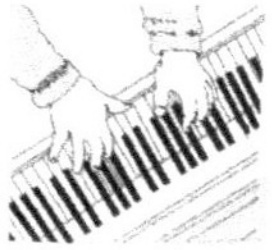

(प्रार्थना)

ॐ श्लोकाः

ज्ञानं दद्याद्गणेशो मां वाणीं दद्यात्सरस्वती ।
कथां च नारदो ब्रूयाद्-हरिर्रक्षेत्सदा हि माम् ।।

♫ प-प- प-प-पम-ग- प-, ध-ध- ध-ध-निध-पम- ।
धध- ध- नि-सांनि- ध-प-, मम-म-प-मप- ग म- ।।

सङ्गीतं भारती शैलीं वाल्मीकिस्तुलसीस्तथा ।
ब्रूयाच्च मे महाकाव्यं पार्वतीं शिवशङ्करः ।।

अन्धः पश्यति, मूकश्च भणति, बधिरस्तथा ।
शृणोत्यटति, पङ्गुश्च यत्कृपया, स पातु माम् ।।

◎ **A Prayer :** *May Gaṇesh give me knowledge, Sarasvatī give me literary ability, Shrī Nārad muni tell me the first-hand stories and Hari give me protection. May Bhāratī (Sarasvatī) give me music and Vālmīki and Tulsī give me writing skills. May Shiva give my poem to Pārvatī, may Shrī Nārad muni play them Vīṇā. May the grace - that makes the blind to be able to see, dumb to be able to speak, deaf to be able to hear, lame to be able to walk and dull to be able to think, - may that grace protect me from ignorance.*

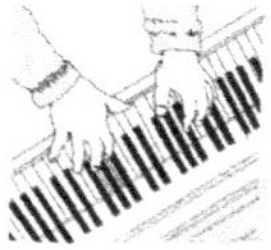

गीत 18 : राग मालकंस, कहरवा ताल 8 मात्रा

(रत्नाकर)

✍दोहा॰

सुर मधु तेरी वेणु का, जबसे सुना अनूप ।
आस दरस की है लगी, सपनन आ सुर भूप ।।

रेरे गम ग-गा प-म प-, पपनि- धप- निध- ।
म-म ममम म- प- मग-, रेरेरे ध- पग म-म ।।

स्थायी

प्यार हुआ है मुझको सुर से ।

♫ गमग सानिसा धनि सासाम- गग म-म ।

अंतरा-1

प्यार हुआ है मुझको जब से, मुरली मनोहर दामोदर से ।
ग्रीष्म गया है मेरे चित से, बसंत बरखा नित बरसे ।।

ग-म मध- नि- सांसांसां- गंनिसां-, निनिनि निनि-निनि धनिसांनिधम म- ।
सां-सां सांगं- गं- सांमंगंसां निनि सां-, सांमं-गं सांनिसां- धनि सांनिधमगसा- ।।

अंतरा-2

रात न सूनीं कारी अँधेरीं, तरसाये चिंता न घनेरी ।
प्रीत मेरी धनुधर से जिगरी, बंसीधर से, श्रीधर से ।।

अंतरा-3

मीरा राधा जस बलिहारी, पार्थ सुदामा की जस यारी ।
चाह मेरी यदुवर से गहरी, बनवारी से, गिरिधर से ।।

◎ **Music inspiration : Dohā :** *O Shrī Krishṇa, the God of the Gods! since the moment I heard the melody of your flute, I fell in love with music and I am eager to see you. Please come to my dreams and give me a glimpse.* **Sthāyī :** *I am in love with music.* **Antarā : 1.** *Since the moment I fell in love with Murlī Manohar (who charms with his flute), Dāmodar Shrī Krishṇa, there is no dry summer for my mind, There are always showers of green Basant (spring season) on me.* **2.** *Now there is no dark and lonely night for me, nor there is any wory. My love for Dhanudhara Harihar Bansīdhara (Bearer of bow and flute) Shrī Krishṇa is deep.* **3.** *As Meerā and Rādhā were devoted to Shrī Krishṇa, as Arjun and Sudāmā were his friends, so is my devotion to Giridhara Yaduvara Banvārīī Shrī Krishṇa.*

गीत 19 : दादरा ताल

(हे प्रभो!)

स्थायी

मेरे माता पिताश्री तुम्हीं हो, मेरे भ्राता सखा भी तुम्हीं हो ।
ज्ञान सोता सविता तुम्हीं हो, मेरे धाता विधाता तुम्हीं हो ।।

♫ सानि सा-सा- सारे-सा- निसा- रे-, सारे ग-ग- गम- ग- सारे-सा- ।

16. Me, Ratnākar

सा–नि़ सा–सा– सागु–रे– सारे–म–, रेगु प–म– गुरे–म– गुरे–सा– ।।

अंतरा–1

मेरे गानों की स्फूरत तुम्हीं हो, मेरे ध्यानों की सूरत तुम्हीं हो ।

मेरे ख्वाबों की मूरत तुम्हीं हो, मेरी साँसों के दाता तुम्हीं हो ।।

♫ रेगु म–म– म प–म– गुरे– म–, गुम प–प– प निु–धु– पम– प– ।

गुरे म–म– म प–म– गुरे– म–, रेगु म–म– गु प–म– गुरे– दा– ।।

अंतरा–2

मेरे जीवन की गाथा तुम्हीं से, सारे जन्मों का नाता तुम्हीं से ।

मेरा जीना सुहाता तुम्हीं से, मेरे ताता और त्राता तुम्हीं हो ।।

अंतरा–3

मोहे भूमि पर लाया तुम्हीं ने, मोहे प्रीति से पाला तुम्हीं ने ।

मोहे मुक्ति दिलाना तुम्हीं ने, मेरी गीता कविता तुम्हीं हो ।।

अंतरा–4

तेरे चरणों में मेरी जगह हो, मेरे मुख में हरि! तू बसा हो ।

तेरी किरपा की छाया सदा हो, मेरे प्रारब्ध कर्ता तुम्हीं हो ।।

◎ **O Hari! :** ***Sthāyī :*** *O Lord! you are my mother and father. You are my brother and friend. You are the source and the sun of my knowledge. You are my nourisher and my Lord.* **Antarā : 1.** *You are the inspiration for my music. You are the idol of my meditation. You are the image in my dreams. My breath is because of you.* **2.** *You are the story of my life. You are related to me in all my lives. You make my life look beautiful. You are my shelter and protector.* **3.** *You brought me on this earth. You raised me with love. You will give me my last breath. You are my poetry and you are my Gītā.* **4.** *O Hari! may I have a place at your feet and may your name be always in my mouth. May I have your mercy all the time, O Lord! you are the maker of my destiny.*

16. Me, Ratnākar

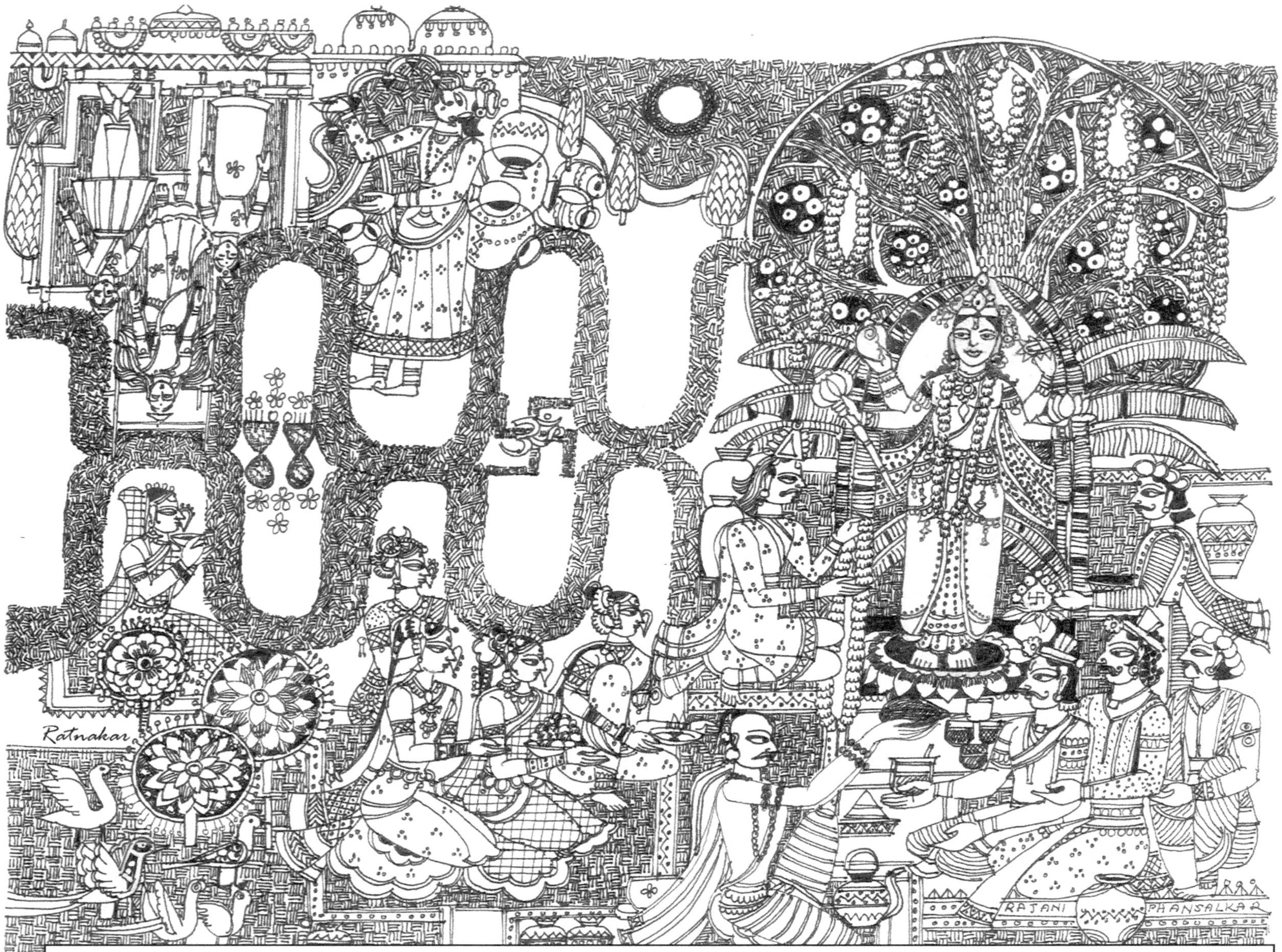

साँई सत्य आप है, स्वामी सबके आप हैं ।

२

श्री-सत्य-नारायण-व्रत-कथा

Shri Satya Narayan-Vrat-Katha

Shri-Satya-Narayan-Vrat-Katha

श्री
सत्य नारायण
व्रत-कथा
RAJANI N. PHANSALKAR
Ratnakar

रत्नाकररचिता श्लोकछन्दसि नूतना श्री-सत्यनारायण-व्रत-कथा

(रत्नाकर रचित श्लोक छंद में श्री-सत्यनारायण व्रत की नयी कथा)

(A novel story of the "austerity of Shrī-Satya-Nārāyaṇ," composed by Ratnākar in anuṣhṭubh Sanskrit meter, with Hindī and English purports)

श्री सत्यनारायण व्रत की नयी कथा

The new stories of Shrī Satyanārāyan-Austerity

(श्रीगणेशवन्दना)

श्लोक-अनुष्टुभ्-छंदः

♫ ग-ग-ग- गग-रे-मग, म-म म-म- गरे-मग- ।
रेरे-रे-रे- गम-ग-रे-, रे-रे- गम-गरे-ऩिसा- ॥

शुभारम्भं गणेशस्य नाम स्मृत्वा सुमङ्गलम् ।
कथासूत्रं करोमीदं भावान्स्त्यक्तुममङ्गलान् ॥

(श्री गणेश वंदना)

फटका छंद

♫ मग-म-म- पम-ग-रे- सा-रे ग-रे मग-रेग- ।
सारे-रे-रे- गम-गम- प-म-ग-रे-ग-रे-ऩिसा- ॥

'श्रीगणेश' है श्री गणेश के, नाम सुमंगल को भज कर ।
नारायण की कथा करूँ मैं, भाव अमंगल कों तज कर ॥ 1

◎ **Obeisance to Lord Gaṇesha :** *I now compose the musical story of the austerity of Shrī-Satya-Nārāyaṇ," while chanting the auspicious names of Shrī Gaṇesh jī and thus cleansing my mind with righteous sublime thoughts.*

(श्री शारदा वन्दना)

सरस्वतीं कलां ब्राह्मीं स्मरामि च नमामि च ।
विद्यादेवीं गिरां वाणीं पूजयित्वा लिखामि च ॥

शारदे वरदे विद्ये कृपायै च वराय ते ।
सत्यव्रतस्य वृत्तान्तो रत्नाकरेण लिख्यते ॥

(श्री शारदा वंदना)

सरस्वती की स्तुति सुंदर के काव्य सुमंगल को गाकर ।
विद्या रानी वाग्देवी के आशिष कुंदन को पाकर ॥ 2
स्वरदा! वरदा! शुभा! शारदा!कृपा आपकी अपनाकर ।
नारायण की सत्य कथा का, गीत यह कहे रत्नाकर ॥ 3

◎ **Obeisance to Goddess Sarasvatī :** *Then, receiving the holy blessings from Mother Sarasvatī, I begin the musical poetry. O Goddess of Learning! please give me good tidings and shower your mercy up on me for this sacred service.*

(श्री व्यास वन्दना)

वेदव्यास महामते सर्वज्ञातो महाकवे ।
स्कन्दकर्तो महामुने वाचस्पते नमो नमः ॥

(श्री व्यास वंदना)

महा कवीश्वर! व्यास मुनीश्वर! 'स्कन्द' को लिख कर महा गहन ।
ज्ञान विश्व को देने वाले! तुझको लाखों नमन नमन ॥ 4

◎ **Obeisance to Vyās muni :** *O Great Poet Shrī Vyāsa Mahā-muni! you have given wisdom to the world by writing the Skand Purāṇ.*

(श्रीसत्यकथावन्दना)

सत्यव्रतकथां पुण्यां व्याससुलिखितां पुरा ।
तां विश्ववन्दितां पूज्यां हृदि जानाति यः पुमान् ॥

कर्माणि तस्य सिद्ध्यन्ति सर्वं तस्मै सुखं भवेत् ।
पापानि तस्य नश्यन्ति पुण्यं तस्मै सदा लभेत् ॥

(श्री सत्य कथा वंदना)

सत्यव्रत कथा व्यास सुलिखिता, विश्व वंदिता श्रीमत है ।
सभक्ति गाए, मन से ध्याए, नर वह जाने कीमत है ॥ 5

◎ **Thus :** *The holy story of Shrī-Satya-Nārāyaṇ written anciently by Shrī Vyāsa Mahā-muni is worshipped world around. He who reads it with full faith and meditates on it with devotion, knows the greatness of its divine power and he attains success in all his undertakings. Happiness showers up on him.*

(अस्मिन्पुस्तके)

सत्यव्रतकथा पूर्णा सूतस्य कृपया मया ।
सुलभा सुगमा गेया लिखिता चित्तमोहिका ।।

(यहाँ ...)

सत्यव्रत की पूर्ण कहानी, सहज सुगम नित गाने को ।
सूत मुनि से प्रसाद पाने, लिखी यहाँ मन भाने को ।। 6

(रत्नाकर कहते हैं, एक महामंत्र)

मन में अपने बसा राम हो, मुख में कृष्ण का नाम हो ।
रामायण का भक्ति गान हो, श्री गीता का ज्ञान हो ।। 7
सत्य साईं का, नित्य ध्यान हो, धर्म का अभिमान हो ।
यथा शक्ति से, गुप्त दान हो, जीवन एक बलिदान हो ।। 8
गुरु जनों का, सदा मान हो, संतों का सम्मान हो ।
सद्गुण तन की, सच्ची शान हो, सत्य वचन परिमाण हो ।। 9
मन मंदिर अरु, शुचि मकान हो, उनमें प्रभु का स्थान हो ।
वस्त्र सादगी, परिधान हो, जनसेवा अभियान हो ।। 10
जिह्वा पर ना, कभी गुमान हो, विनय भावना भान हो ।
सुख दुख हम तुम, सब समान हो, शांति अहिंसा आन हो ।। 11
निष्ठा अविरत, विद्यमान हो, विद्या अमृत पान हो ।
शील शिव के, तुल्यमान हो, स्नेह देह की जान हो ।। 12

◎ **A divine hymn, by Ratnākar :** *May Shrī Rāma dwell in your mind and may Shrī Krishṇa be on your lips all the time. may you sing the songs of Shrī Rāmāyaṇ with one pointed devotion. May you earn the wisdom of the yogas of the Gītā. may you meditate on Shrī Satya Nārāyaṇ. May you be proud of your Dharma (duty). May you be a donor of unanimous charities. May your life be an austerity. May you honor the Gurus and respect the righteous people. May the virtues be your garments. May public service be your mission. May ego never appear on your lips. My you always be humble. May the pains and pleasures be indifferent to you. May you be equanimous to everyone. May your vow be of non-violence. May faith be in you foundation. May you enjoy the divine nectar of knowledge. May your heart be as pure as Lord Shiva. May the lovingness be your heart beat.*

(ततः रत्नाकर उवाच)

सत्यव्रतकथाः पञ्च, भक्ताः शृण्वन्तु श्रद्धया ।
रेवात्स्कन्दपुराणस्य खण्डाद्विस्तारिता मया ।।

(फिर रत्नाकरजी ने कहा)

सत्य व्रत की पाँच कथाएँ, आज सुनलो प्यार से ।
स्कन्द पुराण के रेवा खण्ड से, मैंने कहीं विस्तार से ।। 13

◎ **Ratnākar said :** *O Dear Devotees! please listen to the five divine stories I took from the Revā Khanḍ of the Skand Purāṇ and composed them in melodious music in this book for you. As much you enjoy these stories, so much sweet fruit you will achieve from them. They will remove all your doubts and they will answer your questions that may have come to your mind by hearing the stories elsewhere.*

अध्याय पहला
श्री नारद जी की कथा और सूत जी का वृत्त ।

CHAPTER 1

1. Stories of Shrī Nārad muni and Shrī Sūt jī.

(रत्नाकर उवाच)

फटका छंद

हे ऋषि मुनियों, कहना सुनियो, परम हित की, बात है ।
सत्य का पूजन, पुण्य लगाता, पाप मिटाता, तात! है ।।
♫ म मम पध प–, धधध निधप–, धधध निनि सां–, रेंसांनिध प– ।
मम म प–पप, निध मम–म–, ग–ग मम–म–, पमगरे सा– ।।

सत्यव्रतस्य शृण्वन्तु निष्ठया प्रथमां कथाम् ।
मनसि यादृशो भावो फलं दास्यति तादृशम् ।।

भक्ताः शृण्वन्तु वृत्तान्तं व्यासेनोक्तं पुरातनम् ।
कथनं फलदं सत्यं सर्वहिताय दीयते ।।

(रत्नाकर कह रहे हैं)

सत्य व्रत की प्रथम कहानी, श्रवण करलो शांति से ।
मन में जैसा भाव होगा, फल मिले उसी भाँति से ।। 14

बात पुरानी सुनलो भगतों, कह गये मुनि व्यास हैं ।
सबके हित के सत्य वचन हैं, जो फल दायी खास हैं ।। 15

◎ **Ratnākar said :** *O Devotees! now please listen the first story with joyful heart. As much faith you will have so much you will enjoy the melody and so much sweet fruit you will gain. The story has been originally been narrated by Mahā muni Vyās for the benefit of everyone.*

(तर्हि भक्तजना: प्रथमकथां शृण्वन्तु)

पुरा हि नैमिषारण्ये मुनय: निवसन्ति स्म ।
शौनकस्य मठस्तत्र चासीत्सूताश्रमांतिके ।।

(तो भक्तों सुनिये पहली कथा)

नैमिष नामक एक अरण्य में, ऋषि मुनियों का वास था ।
शौनक ऋषि का मठ उस वन में, सूत-आश्रम के पास था ।। 16

◎ **Naimiṣh forest :** *Once up on a time there lived sages and saints in the Naimiṣh forest. In that forest the hermitage of Shaunak rishi was near the āshram of Sūt muni.*

(तत्र, तस्मिन् नैमिषारण्ये)

तदाऽऽसन्नैमिषे तत्र साधवो मुनयस्तथा ।
आचार्या: पण्डिताश्छात्रा: स्वस्वभावानुसारत: ।।

(वहाँ, उस नैमिष वन में)

नैमिष वन में महामुनि थे, कई ऋषि, कोई छात्र थे ।
कोई आचार्य थे, कोई पण्डित थे, भिन्न सभी के गात्र थे ।। 17

◎ **Forest schools :** *In the Naimiṣh forest there were forest-schools for the great sage teachers. Some of their pupils were well experienced and some were new learners.*

(आचार्य: शौनकश्च सूतदेवश्च)

वेदज्ञ: शौनकाचार्य: गहनो ज्ञानसागर: ।
शिष्यस्तस्य महानासीत्सूतो देव: पुराणविद् ।। 1848

(शौनक ऋषि तथा सूत मुनि)

शौनक ऋषि एक वेदाचार्य थे, महान जिनका ज्ञान था ।
सूत व्यास के परम शिष्य थे, उनका पुराणों में ध्यान था ।। 18

◎ **Shaunak rishi and Sūt muni :** *Shaunak rishi was a profound scholar of the Vedas. He was an ocean of spiritual knowledge. Sūt muni was a bright disciple of Mahā-muni Vyās. Sūt muni was a renowned teacher of the Purāṇs.*

शौनक ऋषि एक वेदाचार्य थे, सूत व्यास के परम

(अन्-अनुभवी शिष्य: सशंक:)

सशंकस्तेषु तत्रैक: सूतस्य शिष्यनूतन: ।
काशीत आगत: सद्य: संन्यासी भवितुं किल ।। 1848

आधुनिक: स्वतन्त्रश्च व्यावहारिकप्रकृति: ।
प्रामाणिकश्च जिज्ञासु: सशंको भक्तिवानपि ।।

आध्यात्मिक: स अभ्यासी भवसागरपीडित: ।
इतो मुक्ति: कथं वै मे चिन्तायां स सदा रत: ।।

(अनाड़ी शिष्य सशंक)

सशंक उनका एक छात्र था, परदेसी संन्यासी था ।
अतपस्काय था, निरुपाय था, नया नया वनवासी था ।। 19
आधुनिक था, प्रामाणिक था, पढ़ा लिखा था काशी का ।
व्यावहारिक था, मनमालिक था, भोला अंतेवासी था ।। 20
आभ्यासिक था, आध्यात्मिक था, भवसागर से ऊबा था ।
"किस उपाय से मुक्ति मिलेगी," इस चिंता में डूबा था ।। 21

◎ **Sashank jī :** *Sashank jī was a new pupil of Sūt muni. He was a modern educated man, who was tired of the material world. He came to Naimiṣh forest from Vārāṇasī to become an ascetic. Sashank was an inexperienced, undisciplined and innocent but a curious and dedicated person. Sashank was haunted by a desire to free himself from the material world, and thus he became a disciple of Sūt muni. He was prone to doubts, therefore he was called "Sa-shank."*

1. Stories of Shrī Nārad muni and Shrī Sūt jī.

श्री सशंक मुनि

स्कन्द पुराणे, व्यासमुनि: उवाच

एकदा नैमिषारण्ये ऋषय: शौनकादय: ।

पप्रच्छुर्मुनय: सर्वे सूतं पौराणिकं खलु ।। 1।।

(एकदा)

एकदा सूतसङ्काशे-आसीन: शौनकादय: ।

प्रश्नस्तेषां मनस्येको जनकल्याणचिन्तक: ।।

(एक दिन)

शौनकादि सब ऋषि मुनि एक दिन, सूत चरणों में बैठे थे ।

सबके मन में प्रश्न एक था, जन हित चिंतक ऐसे थे ।। 22

◎ **One day :** *One day Shaunak rishi and other disciple sages were sitting at the feet of Sūt muni. All of them had one question on their mind for Sūt muni. They were all thinking of a simple and sure way to remove the miseries of the people in the world.*

(तत:)

प्रष्टुं महाजनै: प्रश्नं मुनि: सूत: स प्रार्थित: ।

अनुमतिं तदा सूत: सस्नेहं दत्तवान्स तान् ।।

(फिर)

ऋषिजनों ने प्रश्न पूछने, सूत मुनि से आज्ञा ली ।

ऋषिवरों को बड़े प्रेम से, सूत जी ने आज्ञा दी ।। 23

◎ **Therefore :** *Therefore, the rishis asked for a permission from Sūt mini to ask the question that was on their mind. With great adoration Sūt muni allowed them to ask their question.*

व्रतेन तपसा किं वा प्राप्यते वाञ्छितं फलम् ।

तत्सर्वं श्रोतुमिच्छाम: कथयस्व महामुने ।। 2।।

(तत: सशंकादय: ऋषय: सूतं तं परमं प्रश्नं पृष्टवन्त:)

"एकमेवं व्रतं श्रेष्ठं किमस्तीह महामुने ।

यत्कृत्वा हि जगत्यस्मिन्-वाञ्छितान्प्राप्स्यते नर:" ।।

(अर्थात्)

"किमेकं दैवतं लोके किं वाऽप्येकं शुभं व्रतम् ।

किमर्चन्मुच्यते प्राणी मृत्युसंसारसागरात्" ।।

(सशंकादि ऋषियों ने सूत जी से वह एक परम प्रश्न पूछा)

"ऐसा कौनसा एक व्रत है, जो श्रेष्ठ माना जाता है ।

जिसके बल से नर इस जग में, वांछित फल को पाता है" ।। 24

◎ **The question :** *The rishis said, O Sūt muni! please tell us if there is any most superior austerity that is able to remove the miseries of the people in the world and give them the desired fruit.*

नारदेनैव संपृष्टो भगवान्कमलापति: ।

सुरर्षये यथैवाह तच्छृणुध्वं समाहिता: ।। 3।।

(तत:)

प्रश्नं श्रुत्वा मुनीनां तं सूतेनैकं स्मृतं वच: ।

नारदेन पुरा विष्णु: पृष्ट आसीदमुत्र यत् ।।

(फिर)

मुनिजनों के प्रश्न को सुन कर, सूत जी को आया याद ।

नारद मुनि का नारायण से, बहुत पुराना एक संवाद ।। 25

◎ **That time :** *Hearing the interesting but serious question from the rishis, Sūt muni remembered that the same question had been asked by Shrī Nārad muni to Lord Vishṇu Nārāyaṇ in the ancient time.*

एकदा नारदो योगी परानुग्रहकाङ्क्षया ।

पर्यटन्विविधाँल्लोकान्मर्त्यलोकमुपागत: ।। 4।।

(श्री सूत उवाच)

नारदमुनिना प्रश्न एष एव कृतस्तदा ।

ऋषयस्तद्धि शृण्वन्तु प्रभुणा दत्तमुत्तरम् ।।

श्रृणुत प्रभुणा प्रोक्तं व्रतं विश्वहिताय यत् ।
पापघ्नं पुण्यदातारं सत्यव्रतस्य पावनम् ।।

यस्य तु व्रतमात्रेण जन्मसंसारबन्धनात् ।
मुच्यते ना नमस्तस्मै लक्ष्मीनारायणाय नः ।।

(श्री सूत जी ने कहा)

नारद जी ने श्री विष्णु से, प्रश्न एक दिन किया यही ।
भगवन् ने जो दिया था उत्तर, आज मुझसे सुनो वही ।। 26
हे ऋषि मुनियों कहना सुनियो, जगत हित की बात है ।
सत्य का पूजन पुण्य लगाता, पाप भगाता तात है ।। 27

◎ Sūt **muni :** *Therefore, Sūt muni said, O Rishis! the same question was asked by Shrī Nārad muni to Lord Vishṇu Nārāyaṇ by Shrī Nārad muni. I will tell you today the answer that was given by Lord Vishṇu to Shrī Nārad muni. Please listen carefully the story I am telling you for the benefit of the world. Worship and austerity of Shrī Satya Nārāyaṇ gives merits and happiness by removing the sins and miseries.*

(सशंकेन शंका कृता)

शंका कृता सशंकेन श्रुत्वा सूतस्य तद्वचः ।
ऋषेर्वचसि विश्वासं स तु कर्तुं न शक्तवान् ।।

'आश्चर्यमस्ति खल्वेतद्,' सशंक आह संकुलम् ।
'सूतवर्येदृशात्प्रश्नात् मुनेः किन्नु प्रयोजनम्' ।।

श्रुत्वा तद्वचनं तस्य मुनयो विस्मयान्विताः ।
सान्त्वनार्थं तदा तेषां शान्त्या सूत उवाच तान् ।।

(सशंक जी को शंका आयी)

सूत वचन को सुन कर आयी, शंका मन में सशंक के ।
एतबार वे न कर सके थे, शब्दों पर भी महंत के ।। 28

(अत: सशंक जी कथा के बीच में ही बोल पड़े)

बीच कथा के सशंक बोले, "अचरज की ये बात है ।
नारद मुनि को ऐसे प्रश्न से, मतलब ही क्यों, तात! है" ।। 29
सशंक जी की बात को सुन कर, मुनिजन सारे चकित बड़े ।
उन मुनियों को फिर समझाने, सूत जी आगे बोल पड़े ।। 30

◎ **Sashank jī :** *Hearing the words of Sūt muni, a doubt came to the mind of curious Sashank jī. Thus, in middle of the conversation, he raised his hand to clarify his doubt. With surprise he said, "O Shrī Sūt muni! why would Nārad muni ask such a question to Shrī Satya Nārāyaṇ?" Hearing those words of Sashank jī, all rishis became astonished at his boldness. Judging the tense situation in the assembly, Sūt muni said :*

(सूत: मुनिजनानां सान्त्वनां कृतवान्)

श्रुत्वा शंकां सशंकस्य भवन्तो यदि विस्मिताः ।
किन्तु स्वाभाविका साऽस्ति जिज्ञासासहिता खलु ।।

(सूत जी समझाने लगे)

सशंक जी का सवाल सुन कर, अचरज सबको बड़ा हुआ ।
सूत ने कहा, "स्वाभाविक है, जिज्ञासा से भरा हुआ" ।। 31

उत्तरमस्य ज्ञानार्हं तथा रञ्जकं मनसस्तथा ।
दोषमोचकमार्तानां दुःखविनाशकं च तत् ।।

उत्तर इसका बड़ा ही रोचक, सबके मन का रंजक है ।
आर्तजनों के दोष का मोचक, और दु:खों का भंजक है ।। 32

◎ **Sūt muni :** *Sūt muni said, the Sashank jī's question is natural and full of curiosity. The answer to this question is very interesting and pleasing to the mind. It removes the agony and sadness of anyone's mind.*

(तर्हि भक्ताः प्रेम्णा श्रृण्वन्तु)

भोः ऋषिमुनयस्तर्हि श्रृण्वन्तु तां कथामथ ।
आख्याता विश्वलाभाय व्यासदेवेन या पुरा ।।

(तो फिर प्रेम से सुनिए)

हे ऋषि मुनियों तो फिर सुनियो, नारद जी की वो कथा ।
सद्गुरु ज्ञानी व्यास महामुनि, बोले हैं जो यथा तथा ।। 33

◎ **So, here it is :** *Sūt muni said, O Dear disciples! please hear the story of Shrī Nārad jī, as narrated by Shrī Vyās muni.*

1. Stories of Shrī Nārad muni and Shrī Sūt jī.

सबक मन म एक प्रश्न था – एसा कानसा एक व्रत ह, जा श्रष्ठ माना जाता ह ।

एकदा नारदो योगी परानुग्रहकाङ्क्षया ।
पर्यटन्विविधाँल्लोकान्मर्त्यलोकमुपागतः ।। 5 ।।
ततो दृष्ट्वा जनान्सर्वान्नानाक्लेशसमन्वितान् ।
नानायोनिसमुत्पन्नान् क्लिश्यमानान्स्वकर्मभिः ।। 6 ।।

(व्यास उवाच)

अथ भूतहितार्थे स विश्वमासीद्भ्रमन्यदा ।
भुवनाद्भुवनं गत्वाऽऽगतो भूमौ स नारदः ।।

◎ **Vyāsa muni :** *Vyās muni said, one day, in order to help the helpless, Shrī Nārad muni traveled the three worlds, came to the earth. Here, seeing the painful condition of the people, his heart sank in sadness.*

दृष्ट्वा च दुर्दशामत्र खिन्नो मनसि सोऽभवत् ।
प्राणा दुःखेषु सर्वेषां सर्वे दुःखेन पीडिताः ।।

(व्यास जी बोले)

जग हित हेतु मुनिवर एक दिन, विश्व भ्रमण को चल पड़े ।
भुवन भुवन फिर घूमते हुए, जब धरती पर हुए खड़े ।। 34
यहाँ उन्होंने हाल जो देखा, मन में वे हैरान थे ।
लोग यहाँ के दुःख में डूबे, पीड़ित सबके प्राण थे ।। 35

◎ **Here :** *On the earth, he saw people were deep in trouble, suffering from the fruits of their past unrighteous actions. Passing through one-hindered-eighty-four-thousand births, they attained the precious human birth, but due to their unrighteous deeds they had received the bitter fruits.*

नरो दुःखेषु सर्वत्र कर्मफलेन बन्धितः ।
योनेर्योनिं भ्रमञ्चक्रे नरयोनिं तु लब्धवान् ।।

व्यथया क्लिशितः कश्चित् कश्चिच्च जरया तथा ।
दैवस्य च यथाऽऽदेशः पतितः संकटे तथा ।।

हर यहाँ का नर दुःखी था, कर्म फलों को भोगता ।
नाना योनियाँ गुजर के उसको, मिला भूमि का लोग था ।। 36

किसी को व्यथा, किसी को जरा, किसी को लगा रोग था ।
किसी को गिला, किसी को मिला, जैसा दैव का योग था ।। 37

◎ **People :** *Suffering from the bitter fruits of their unrighteous actions, everyone on the earth was in pains. Passing through many wombs they received the human birth, but acting unwisely, they had fallen in as deep troubles as deep their sins were. Someone was poor, someone was sick, someone was prematurely old and someone had family problems.*

केनोपायेन चैतेषां दुःखनाशो भवेद्ध्रुवम् ।
इति सञ्चित्य मनसा विष्णुलोकं गतस्तदा ।। 7 ।।

(ततश्चिन्तातुरो नारदः)

केनोपायेन सर्वेषां निस्सन्देहेन सर्वथा ।
हरामि दुःखमेतेषां चिन्तयन्स्वर्गमागतः ।।

(इस तरह से चिन्तातुर नारद जी)

किस उपाय से नियत रूप से, दूर होंगे दुःख सबके ।
सोच में पड़े नारद मुनि जी, विष्णु लोक में आ टपके ।। 38

◎ **Nārad muni :** *Shrī Nārad muni began thinking in his mind, "how may I remove the sins of these people and thus alleviate their sufferings." Immersed in this thought and playing Shrī Vishṇu's praises on his Vīṇā, Shrī Nārad muni reached Vaikuṇṭha in the heaven.*

तत्र नारायणं देवं शुक्लवर्णं चतुर्भुजम् ।
शङ्खचक्रगदापद्मवनमालाविभूषितम् ।। 8 ।।
दृष्ट्वा तं देवदेवेशं स्तोतुं समुपचक्रमे ।
नमोवाङ्मनसातीतरूपायानन्तशक्तये ।। 9 ।।
आदिमध्यान्तहीनाय निर्गुणाय गुणात्मने ।
सर्वेषामादिभूताय भक्तानामार्तिनाशिने ।। 10 ।।
श्रुत्वा स्तोत्रं ततो विष्णुर्नारदं प्रत्यभाषत ।
किमर्थमागतोऽसि त्वं किं ते मनसि वर्तते ।
कथयस्व महाभाग तत्सर्वं कथयामि ते ।। 11 ।।

गीत 20

(नारायण श्री)

स्थायी

नारायण श्री नारायण श्री, नारायण की जै जै जै ।
चतुर्भुजा श्री शंखपद्म श्री, चक्रपाणि की जै जै जै ।।

♬ सा–रे–गग म– प–म–गग रे–, म–प–धध नि– नि– ध– प– ।
गग–मप– ध– सां–निध–प ध–, नि–धप–म ग– म– ग– रे– ।।

अंतरा–1

नारायण श्री नारायण श्री, नारायण की जै जै जै ।
वनमाली श्री शुक्लकाँति श्री, गुणातीत की जै जै जै ।।

♬ सा–रे–गग म– प–म–गग रे–, म–प–धध नि– नि– ध– प– ।
गगम–प– ध– सां–निध–प ध–, निध–प–म ग– म– ग– रे– ।।

अंतरा–2

नारायण श्री नारायण श्री, नारायण की जै जै जै ।
अमितशक्ति श्री सुफलभक्ति श्री, लक्ष्मीपति की जै जै जै ।।

अंतरा–3

नारायण श्री नारायण श्री, नारायण की जै जै जै ।
अगम्य आदि बीज अनादि, सच्चिदानंद की जै जै जै ।।

◎ **O Hari! : *Sthāyī*** *: O Nārāyaṇa! O Nārāyaṇa! O Nārāyaṇa! victory to you. O Chaturbhuja (with four arms)! O Shankha-padma-chakra-Shrī (the Lord with conch shell, lotus, Sudarshan chakra)! O Charkapāṇi (with Sudarshan chakra in his hand) Shrī Viṣhṇu! victory to you.* ***Antarā : 1.*** *Victory to Nārāyaṇa, victory to Nārāyaṇa! O Vanamālī (wearing a necklace of wild flowers)! O Shukla-kānti (with bright aura)! O Guṇātīt (beyond the three attributes)! victory to you.* ***2.*** *Victory to Nārāyaṇa, victory to Nārāyaṇa! O Amita-shakti (of infinite power)! O Suphala-bhakti (Devotion to whom gices success)! O Lakṣhmī-pati (Husband of Lakṣhmī)! victory to you.* ***3.*** *Victory to Nārāyaṇa, victory to Nārāyaṇa! O Agamya (Beyond understanding)! O Ādi-bīja (Primal seed)! O Anādi (without beginning), O Sachidānanda (Giver of peace and joy to heart)! O Vishṇu! victory to you.*

(नारदस्य वीणां श्रुत्वा)

ॐ **श्रुत्वा विणाध्वनिं तस्य विष्णुरुवाच नारदम् ।**
किमर्थमद्य खल्वस्ति भवतः स्वर्गमागमम् ।।

(नारद जी की वाणी सुन कर श्री सत्य देव बोले)

सुन कर वीणा नारद जी की, श्री भगवन् ने उन्हें कहा ।
आज मुनीश्वर हेतु कौनसा, ले आया है तुम्हें यहाँ ।। 39

◎ **Hearing Nārad muni's Vīṇā :** *Hearing the familiar sweet tunes of the Vīṇā, Shrī Lakṣhmī Nārāyaṇ said, O Shrī Nārad muni! what problem of the people brings you here. O Dear muni! whom do you want to help today?*

मर्त्यलोके जनाः सर्वे नानाक्लेशसमन्विताः ।
नानायोनिसमुत्पन्नाः पच्यन्ते पापकर्मभिः ।। 12 ।।

(नारदः प्रहसन्नुवाच)

ॐ **प्रभुमुवाच भक्तः स महर्षिः प्रहसन्निव ।**
भवान्स्वयं हि सर्वज्ञ एष प्रश्नः प्रभो कथम् ।।

(नारद जी बोले)

हँस कर मुनिवर बोले प्रभु से, जान कर क्यों अंजान यों ।
सरबस ज्ञाता स्वयं आप हैं, इस प्रश्न की फिर तान क्यों ।। 40

◎ **Nārad muni :** *Shrī Nārad jī smilingly said, O Shrī Vishṇu Nārāyaṇ! you are*

Omniscient. You know everything. Then, why are you innocently asking me such a question?

प्राणान्समर्पयित्वा ते तत्र भूमौ धनेच्छुकाः ।
काष्ठपुत्तलिकाक्रीडां तव क्रीडन्ति भूतले ।।

धृत्वा रज्जुं करे तेषां त्वं नर्तयसि मानवान् ।।
पुत्तल्यश्च नरा नार्याः मोहमायासमावृताः ।

भवतः पूजनेनैव लक्ष्मीरप्यस्ति पूजिता ।
नैतं ज्ञात्वा हि सत्यं वै लक्ष्मीमेवार्चयन्ति ते ।।

रहस्यमिति सामान्यं न ते जानन्ति पामराः ।
नरयोनिं परां प्राप्त्वा पापैर्दुःखे पतन्ति ते ।।

ऊपर लेटे आप यहाँ पर, लक्ष्मी जी हैं साथ में ।
भू पर नीचे खेल रचा कर, डोरी थामी हाथ में ।। 41
सब नारी नर उस धरती पर, अलक्ष्मी जी तरसाये हैं ।
खेल में लगे, सत्य भूल कर मोह में भरमाये हैं ।। 42
जनम जनम के बाद में ऊँची, नर की योनि पाये हैं ।
फिर भी उन पर पाप करम से, दुःख अनेकों छाये हैं ।। 43

◎ **O Lord! :** *O Lord! "you are resting here in the heaven on the bed of Shesha snake and Shrī Lakṣhmī jī is sitting at your feet. You are holding the strings, and there, people on the earth are your puppets. They are dancing as you pull the strings. They are suffering with pains. They are calling you day and night for help. After going through many births they attained human womb, but with their past unrighteous actions, they are tasting the bitter fruits."*

मयि प्रभो कृपां कृत्वा भवान्वदतु मां खलु ।
तेषां दुःखानि दूराणि भविष्यन्ति कथं ननु ।।

उपायं क्वचिदेवं यो सर्वेषां सुलभो भवेत् ।
यं शक्नुवन्ति सर्वेऽपि कर्तुमकिञ्चना जनाः ।।

यदि कृपा है कहिये स्वामी, गम उनके कम कैसे हों ।
उपाय कोई सबके बस का, चाहे पास कम पैसे हों ।। 44

◎ **And :** *And he said, "O Lord Satya Nārāyaṇ! please have mercy on me and kindly tell me how their miseries could be removed and how happiness could be given to them. Please tell me a simple remedy which can be performed by anyone, even if they are poor."*

(नारदेन स सनातनः प्रश्नः पृष्टः)

वदतु व्रतमेकं मां यत्स्याच्छ्रेष्ठतमं भुवि ।
नराः सर्वेऽपि कृत्वा यं प्राप्स्यन्ति वै मनोरथम् ।।

(श्री नारद जी का वह सनातन प्रश्न)

कोई ऐसा एक व्रत कहो, जो श्रेष्ठ जाना जाएगा ।
जिसको करके नर धरती पर, फल इच्छित को पाएगा ।। 45

◎ **And :** *And, "O Lord! please tell me one single most superior austerity in the world that fulfills wishes of the people who have faith in you."*

साधु पृष्टं त्वया वत्स लोकानुग्रहकाङ्क्षया ।
यत्कृत्वा मुच्यते मोहात्तच्छृणुष्व वदामि ते ।। 13 ।।

(श्रीविष्णुर्नारदमुवाच)

श्लोकः
(सुभाषितम्)

यदा यदा हि धर्मस्य हानिर्भवति नारद ।
अभ्युत्थानमधर्मस्य पृथिव्यां मम कर्म वै ।।

दोहा॰ नारद! जग कल्याण का, तुमरा है उद्देश ।
अतः कहूँ मैं आपको, बोले, श्री कमलेश ।।

भव भूतों के स्नेह की, सोचूँ मैं दिन रात ।
भक्त मेरे तुम हो, मुने! अतः कहूँ मैं बात ।।

भवतस्तात देवर्षे स्नेहः सत्योऽस्ति नारद ।
शोभनो भवतो हेतुः भूतानां परमार्थकः ।।

(श्री विष्णु भगवान् का नारद मुनि को उत्तर)

हे वत्स नारद! भ्रमण विशारद! स्नेह तुम्हारा सच्चा है ।
भूत भले की भावना भरा, भाव तुम्हारा अच्छा है ।। 46

◎ **Shrī Satya Nārāyaṇ :** *Lord Vishṇu said, "O Shrī Nārad muni! your love and care for the people is truly motherly. Your thoughts for them are beneficial. You move in the three worlds for the benefit of the people and for the help of the helpless."*

अहं हितं हि भूतानां चिन्तयामि दिवानिशम् ।
स्नेहपात्रो भवानस्ति कथयिष्यामि ते ततः ।।

जन हित का हल निस दिन हर पल, मैं भी सोचता रहता हूँ ।
मेरे प्रेम के पात्र तुम हो, अतः तुम्हें मैं कहता हूँ ।। 47

◎ **The austerity :** *"Day and night I am thinking of such a remedy that will remove the miseries of the people who will please me. You are my dear servant and thus I will tell you that remedy."*

(स उपायः)

दुःखं कृत्स्नं कथं नश्येत्–उपायश्चिन्तितो मया ।
"संतुष्टं मां च यः कुर्याल्लाभमिष्टं लभेत सः" ।।

(वह उपाय)

उपाय ऐसा सोचा मैंने, जिससे कष्ट सब नष्ट हों ।
मुझे तुष्ट जो नर करेगा, लाभ उसको इष्ट हों ।। 48

◎ **And :** *And then Lord Satya Nārāyaṇ said, "O Shrī Nārad muni! I have thought of an austerity which will fulfill the wishes of people and shower happiness up on them."*

व्रतमस्ति महत्पुण्यं स्वर्गे मर्त्ये च दुर्लभम् ।
तव स्नेहान्मया वत्स प्रकाशः क्रियतेऽधुना ।। 14 ।।

बलशालि तदस्त्यैकं नारद सुगमं व्रतम् ।
सत्कर्मिणं नरं कुर्यात्सज्जनं सधनं तथा ।।

एक व्रत अति शक्तिशाली है, सुलभ है और सुगम भी है ।
प्रभाव जिसका नर को करता, सुधन है और सुजन भी है ।। 49

◎ **And :** *"The austerity of Satya-Nārāyaṇ is very powerful. It is easy to perform and can be performed any person who has faith."*

सत्यनारायणस्यैवं व्रतं सम्यग्विधानतः ।
कृत्वा सद्यः सुखं भुक्त्वा परत्र मोक्षमाप्नुयात् ।। 15 ।।

व्रतमिदं यथोक्तं यो नरो भूमौ करिष्यति ।
दुःखं हित्वा सुखं लब्ध्वा स्वर्गे तस्य गतिस्ततः ।।

सत्यव्रत को जो करेगा, विधि विधान से सर्ग में ।
जाएगा दुख, आएगा सुख, पाएगा पद स्वर्ग में ।। 50

◎ **And :** *He who performs this austerity according to its rites, his miseries will disappear, happiness will appear and he will earn a place in the heaven.*

सर्वश्रेष्ठमहंमन्ये व्रतमिदमसंशयम् ।
इतः श्रेष्ठं व्रतं नास्ति भुवि स्वर्गेऽपि नारद ।।

सबसे ऊँचा व्रत यही है, इस भरे संसार में ।
इससे बढ़ कर कोई व्रत नहीं, स्वर्ग के संभार में ।। 51

◎ **Most Superior :** *"This austerity is the most superior and most powerful remedy. There is no austerity in the three worlds, as divine as the Pūjā of Satya-Nārāyaṇ."*

तच्छ्रुत्वा भगवद्वाक्यं नारदो मुनिरब्रवीत् ।
किं फलं किं विधानं च कृतं केनैव तद्व्रतम् ।।16।।
तत्सर्वं विस्तराद्ब्रूहि कदा कार्यं हि व्रतं प्रभो ।
दुःखशोकादिशमनं धनधान्यप्रवर्धनम् ।।17।।

(ततो नारदो नाना प्रश्नान्पृष्टवान्)

व्रतमेतत्कदा कुर्यात्–फलं च लभते कदा ।
व्रतस्यास्य फलं किञ्च विधिस्तस्य च किं प्रभो ।।

(फिर नारद जी के कई प्रश्न)

सत्यव्रत को करता कौन है, फल में कल क्या भोग्य है ।
सत्यव्रत का विधि है कैसा, समय कौनसा योग्य है ।। 52
इसका बल क्या, इसका फल क्या, इससे कल क्या मिलता है ।
काम इससे किसका चलता, भाग्य किसका खिलता है ।। 53

◎ **The questions of Nārad muni :** *Hearing about the most superior austerity, Shrī Nārad muni said, "O Lord Satya Nārāyaṇ! who should perform this austerity. What fruit one receives from it. What is its process and what are its rites. Who is it suitable for and what fruit it gives?"*

सौभाग्यसन्ततिकरं सर्वत्रविजयप्रदम् ।
यस्मिन्कस्मिन्दिने मर्त्यो भक्तिश्रद्धासमन्वितः ।। 18 ।।

(श्रीभगवानुवाच)

यशः ददाति भाग्यं च मानं पुण्यं ददाति यत् ।
प्रभावो मङ्गलः सुष्ठु शुभ एतस्य नारद ।।

ददाति सुखमोदौ च तापपापे व्यपोहति ।
सारमेतच्च सर्वेषां व्रतानां नात्र संशयः ।।

(श्री भगवान् ने बतलाया)

सत्यव्रत है यश का दाता, भाग्य जगाता आप है ।
मान बढ़ाता, पुण्य लगाता और भगाता पाप है ।। 54
सत्य का व्रत है सबका त्राता, सत् चित् करता आप है ।
आनंद वरता, हर्ष है भरता, हरदम हरता ताप है ।। 55
सत्य का व्रत सार है जाना, सभी व्रतों का आप है ।
इसीलिये है इसको माना, सब व्रतों का बाप है ।। 56

◎ **Answer :** *"The austerity of Satya-Nārāyaṇ gives success and good fortune. It bestows honor up on you, it gives you merits and it removes your sins and pains. It is the protector of every devotee. It gives you inner joy, peace and tranquility. It removes your agony and poverty. That is why it is called the "father" of all other austerities in the world."*

सत्यनारायणं देवं यजेच्चैव निशामुखे ।
ब्राह्मणैर्बान्धवैश्चैव सहितो धर्मतत्परः ।। 19 ।।
नैवेद्यं भक्तितो दद्यात्सपादं भक्ष्यमुत्तमम् ।
रम्भाफलं घृतं क्षीरं गोधूमस्य च चूर्णकम् ।। 20 ।।
अभावे शालिचूर्णं वा शर्करां वा गुडं तथा ।
सपादं सर्वभक्ष्याणि चैकीकृत्य निवेदयेत् ।। 21 ।।
विप्राय दक्षिणां दद्यात्कथां श्रुत्वाजनैः सह ।
ततश्चबन्धुभिः सार्धं विप्रांश्च प्रतिभोजयेत् ।। 22 ।।
प्रसादं भक्षयेद्भक्त्या नृत्यगीतादिकं चरेत् ।
ततश्च स्वगृहं गच्छेत्सत्यनारायणं स्मरन् ।। 23 ।।

(सत्यव्रतस्य विधिः)

पूजनं सत्यदेवस्य कुर्यात्सायं कदापि हि ।
बन्धुजनान्समाहूय करणीयं यथाविधि ।।

(व्रत का विधि)

सत्य का पूजन जिस किसी भी दिन, साँझ समय में प्यार से ।
बंधुजनों के साथ कीजिये, विधि विहित आचार से ।। 57

◎ **And :** *"The austerity of Satya-Nārāyaṇ can be performed on any day by anyone at the evening time or any other suitable time. It should be performed together with your loved ones and friends. Once undertaken, it must be performed according to its rites and prescribed method."*

पक्वं रम्भाफलं दुग्धं गुडं वा शर्करां घृतम् ।
गोधूमशालिपिष्ट[9] वा सपादं परिमाणकम् ।।

एतानि सर्वभक्ष्याणि भक्तिभावेन नारद ।
मोहनभोगरूपेण नैवेद्यं परिपाचयेत् ।।

तीर्थांबु च दक्षिणां दत्वा प्रसादं च निवेदयेत् ।
तत्रैकाग्रं मनः कृत्वा सत्यनारायणं स्मरेत् ।।

कृत्वा कथां व्रतस्यास्य भक्तिगानादिकं चरेत् ।
एवं श्रद्धायुतो भूत्वा भुञ्जाच्च बन्धुभिः सह ।।
आटा दूध घी चीनी केले, सवा मान से लीजिये ।
भक्ति भाव को साथ मिला कर, नैवेद्य उत्तम कीजिये ।। 58
उस प्रसाद को पवित्र मन से, भक्तजनों को दीजिये ।
सत्य देव के नाम को लेकर, तीरथ पावन पीजिये ।। 59
विप्रजनों का लेकर आशिष, सत्य कथा को गाइये ।
भक्ति गान का श्रवण करके, कृपा प्रभु की पाइये ।। 60

---

[9] **शालीपिष्टम् – शाली** = चावल, **पिष्ट** = आटा ।

अतिथिजनों के साथ बैठ कर, प्रीतिभोज को खाइये ।
स्मरण सत्य का करते करते, प्रेम से घर फिर जाइये ।। 61

◎ **The rites :** *Satya Pūjā (Vrat) can be done on any day, preferably in the evening. It should be done together with relatives and friends. It must be done according to its prescribed process. To perform the Pūjā: take flour, milk, sugar and bananas in one-and-quarter measures. Mix them together with complete faith and prepare an offering (Prasād). After offering it to Satya Deva, distribute it to the friends and relatives. Chant the names of Nārāyaṇ and drink the holy water (Tīrath). Receive the loving blessings from elders and loved ones. Sing Shrī Satya Nārāyaṇ Aartī and Bhajans and earn the kindness from Lord Satya Nārāyaṇ. Go home chanting the auspicious names of Nārāyaṇ.*

(तर्हि रत्नाकर उवाच)

ॐ **ध्येयमन्यव्रतानां यत्-सत्यनारायणस्य तत् ।**
सत्यमवगतं येन चिन्ता तं नु करोति किम् ।।

(और, रत्नाकर कहते हैं)

अन्य व्रतों के ध्येय को देखा, सत्य व्रत का सो ही है ।
सत्य व्रत को जिसने सीखा, फिकर न फाँका कोई है ।। 62

◎ **The aim :** *When you look at the aims of other austerities, the aim of the austerity of Satya-Nārāyaṇ is same but easily attainable and certain. He who performs this austerity, he has no worries and troubles.*

एवंकृते मनुष्याणां वाञ्छासिद्धिर्भवेद्धुवम् ।
विशेषतः कलियुगे लघूपायोऽस्ति भूतले ।। 24 ।।

ॐ **अस्मिन्कलियुगे भूमौ सर्वस्य सुलभं व्रतम् ।**
व्रतस्यास्य प्रभावेन वाञ्छितं लभते फलम् ।।

इस कलियुग में, इस धरती पर, हर कोई कर पाता है ।
सत्य व्रत से मन चाहा फल, हर कोई नर पाता है ।। 63

◎ **And :** *In this modern Kali yuga, anyone can perform this austerity. With this Pūjā, anyone can achieve desired fruit.*

(अतः रत्नाकर उवाच)

साऽऽईंऽऽऽ सत्य आऽऽप हैं, स्वाऽऽमीऽऽऽ सबके आऽऽप हैं ।
भाऽऽईऽऽऽ सत्य आऽऽप हैं, माँऽऽईऽऽऽ सबके आऽऽप हैं ।।

♫ साप- म-प म-गरे-, रेगम- ग-म ग-रे सा- ।
साप- म-प म-गम-, रेगम- ग-म ग-रे सा- ।।

◎ **Ratnākar says :** *O Lord Satya Nārāyaṇ! you are our God, you are our master, you are our brother and you are our mother.*

इति श्रीस्कन्दपुराणस्य रेवाखण्डात् श्री-सत्यनारायण-व्रत-कथाया रत्नाकर-रचितः
ससंगीतः सचित्रः सटीकः सविस्तरः प्रथमोऽध्यायः ।

◎ **Thus :** *Thus concludes the First Chapter of the new musical story of the austerity of Shrī Satya Nārāyaṇ, as narrated in the Revā Khaṇḍ of the Skand Purāṇ, with detailed explanation, illustrations and answers to your questions and your doubts.*

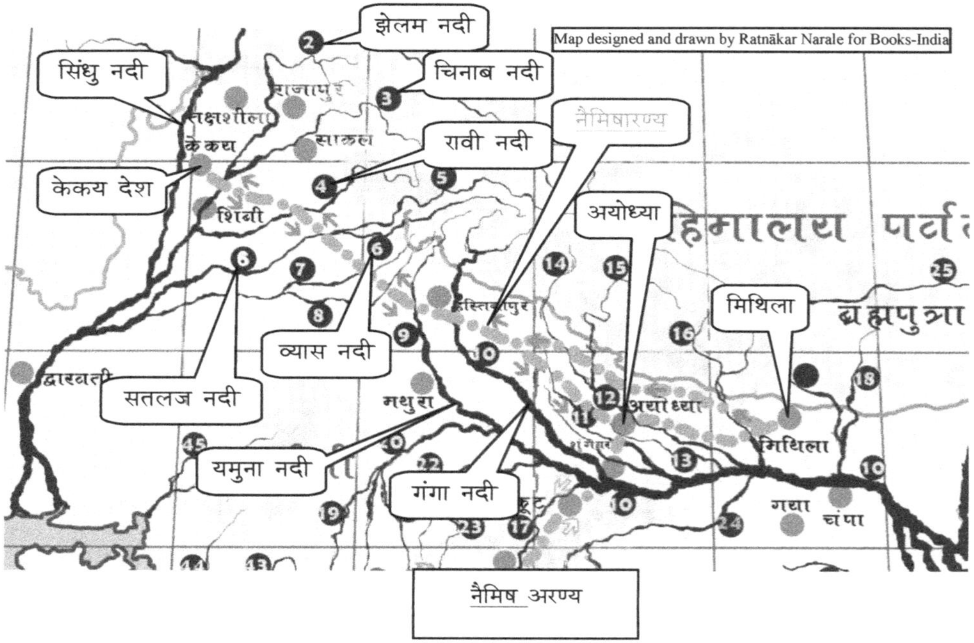

1. Stories of Shrī Nārad muni and Shrī Sūt jī.

ऊपर लेटे आप यहाँ पर, लक्ष्मीजी हैं साथ में । भू पर नीचे खेल रचा कर, डोरी थामी हाथ में । सब नारी नर उस धरती पर, अलक्ष्मी जी तरसाए हैं । खेल में लगे, सत्य भूल कर, मोह में भरमाए हैं । जनम जनम के बाद में ऊँची, नर की योनि पाए हैं । फिर भी उन पर पाप करम से, दुःख अनेकों छाए हैं ।।

अध्याय दूसरा

काशी के पंडित की कथा ।

CHAPTER 2

2. Story of the Pundit of Kashi

(पृष्ठत उपविष्ट: सशंक उवाच)

यदि प्रभुर्मुनिं स्वर्ग उपायमुक्तवान्तदा ।
व्रतविधिस्ततो भूमावागत: स कदा कथम् ।।

(पीछे बैठे हुए सशंक जी फिर बोल पड़े)

माना मैंने, उपाय मुनि को, प्रभु जी ने था बतलाया ।
मगर प्रश्न है, विधि उस व्रत का, धरती पर किसने लाया ।। 64

प्रश्नं तस्यर्षय: श्रुत्वा उचू: सर्वे परस्परम् ।
व्रतविधिं ततस्तेन ह्यानीतो नारदेन स्यात् ।।

प्रश्न छात्र का सुन कर मुनिजन, बोल पड़े थे आपस में ।
व्रत भूमि पर नारद मुनि जी, लाये होंगे वापस में ।। 65

◎ **Sashank jī :** *Sashank jī, sitting at the back of the assembly, raised his hand to ask another question. He said, O Sūt jī! I agree that Satya-Nārāyaṇ Pūjā was explained by Lord Satya Nārāyaṇ himself to Shrī Nārad muni in the heaven, but now my question is, "who brought it from Vaikuṇtha to the earth for the benefit of the people in the world?"*

(ततो मुनिजना: पृष्टवन्त:)

सूतो मुनै: पुन: पृष्ट: को वाऽऽसीत्प्रथमो नर: ।
यो हि सत्यव्रतं कृत्वा सुखं स्वर्गं गतस्तत: ।।

(फिर मुनिजनों ने दूसरा प्रश्न पूछा)

मुनिजन बोले कहिये सूत जी, सबसे पहला कौन था ।
सत्य व्रत से फल पाकर जो, सुख शांति में मौन था ।। 66

◎ **Rishis :** *Before Sūt jī could answer the question, the Rishis interjected and said, O Sashank jī! "it is obvious that Shrī Nārad muni must have brought it from the heaven to the earth for the benefit of the people. Who else it there to bring it from Vaikuṇtha?" Then the Rishis said, "O Sūt muni! who was the first person who performed the austerity of Satya-Nārāyaṇ and attained peace and happiness in the world and a place in the heaven?"*

(त्रयोरपि प्रश्नयोरेकमुत्तरम्)

साधु प्रश्नत्रय: पृष्ट: सूत आह मुनीन्स्तत: ।
एकं ददाम्यहं तेषाम्-आकर्णयन्तु चोत्तरम् ।।

(दोनों प्रश्नों का एक उत्तर)

सूत जी बोले प्रश्न आपके, तीनों ही हैं ज्ञान के ।
उत्तर उनका एक ही दूँगा, सुनलो उसको ध्यान से ।। 67

◎ Sūt **muni :** *Sūt muni said, O Rishis! your questions are important and intelligent. I shall give you just one answer to all three of your questions through a story. Please listen to me quietly.*

(सूत उवाच)

भो: मुनयो भवन्तोऽद्य प्रेम्णा शृणुत तां कथाम् ।
व्रतस्यास्य प्रभावेन काश्या विप्र: परं गत: ।।

(सूत जी बोले)

हे ऋषि मुनियों प्रेम से सुनियो, कथा काशी के विप्र की ।
सत्यव्रत से धन सुख पाकर, विमुक्ति जिसने क्षिप्र की ।। 68

◎ **And :** *Sūt muni said, listen to the story of the "Pundit of Kāshī," who was the first person to perform the austerity and attain happiness.*

अथान्यत्सम्प्रवक्ष्यामि कृतं येन पुरा द्विजा: ।
कश्चित्काशीपुरे रम्ये ह्यासीद्विप्रोऽतिनिर्धन: ।। 1 ।।
क्षुत्तृड्भ्यां व्याकुलो भूत्वा नित्यं बभ्राम भूतले ।
दु:खितं ब्राह्मणं दृष्ट्वा भगवान्ब्राह्मणप्रिय: ।। 2 ।।

(काशिपुर्या: शतानंदद्विजस्य कथा)

एक आसीत्पुरा काश्यां नगर्यां विप्रनिर्धन: ।
व्याकुलो हि स क्षुत्तृड्भ्यां तत्र बभ्राम भिक्षुक: ।।

कदा नंक्ष्यन्ति दु:खानि मम सर्वाणि हे प्रभो ।
विचिन्त्येति दिवानक्तं क्रन्दति स्म स दु:खित: ।।

(शतानंद नामक काशी के विप्र की कथा)

पवित्र काशी नगरी में एक, विप्र निर्धन रहता था ।

भूखा प्यासा घूमता हुआ, दुःख अनेकों सहता था ।। 69

"दूर होंगे दुःख मेरे कब," रोज प्रभु से कहता था ।

बुरे हाल यों सह कर उसकी, आँखों पानी बहता था ।। 70

◎ **Once up on a time :** *Once up on a time, in the city of Kāshī, there lived a poor Pundit. He would walk in the town hungry and thirsty, begging for alms. He would always cry with deep sorrow. Day and night he was singing songs of Lord Vishṇu, "O Lord! when will you remove my miseries."*

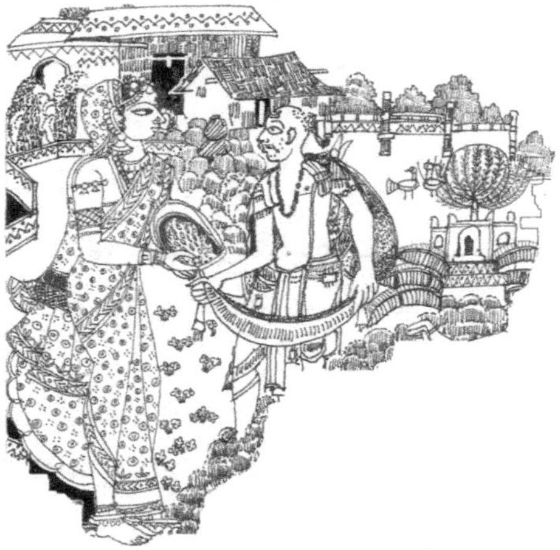

काशी नगरी में विप्र निर्धन,
भीख मांगता फिरता था।

(नारदः प्रभुमुवाच)

श्रुत्वाऽऽर्तां तस्य याञ्चां तां नारद आह हे विभो ।
विधिं व्रतस्य श्रीशब्दैर्विश्वं दत्तात्स्वयं भवान् ।।

(अतः नारद मुनि प्रभु से बोले)

सुन कर उसकी आर्त प्रार्थना, नारद बोले, दया निधान! ।

सत्य व्रत का विधि विश्व को, स्वयं आप ही करो प्रदान ।। 71

◎ **Nārad Muni :** *Moved with the painful cries of that Pundit, Shrī Nārad muni asked Satya Deva to appear before that poor Pundit to give him the know-how of the austerity (Vrat), the first Shrī Satya Nārāyaṇ Vrat on the earth.*

वृद्धब्राह्मणरूपस्तं पप्रच्छ द्विजमादरात् ।
किमर्थं भ्रमसे विप्र महीं नित्यं सुदुःखितः ।।3।।
तत्सर्वं श्रोतुमिच्छामि कथ्यतां द्विजसत्तम ।

(ततः)

मुनेः स्तद्वचः श्रुत्वा नारायणः स्वयं ततः ।
निर्गत्य स्वर्गलोकाद्धि काश्यां श्रीविष्णुरागतः ।।

वृद्धद्विजस्य रूपेण विष्णुनारायणप्रभुः ।
काश्यां पुर्यां मिलित्वा तं स्नेहेनोवाच पण्डितम् ।।

(फिर)

सत्य व्रत के प्रभाव का एक, जगत को देने सत्य प्रमाण ।

वृद्ध द्विज के रूप में भगवन्, विप्र से मिलने हुए प्रयाण ।। 72

एक दिन भगवन् द्विज के रूप में, काशी नगर में उसे मिले ।

बड़े प्रेम से उस पंडित को, पास बिठा कर वे बोले ।। 73

◎ **Then :** *Hearing the kind words of Shrī Nārad muni, Shrī Satya Nārāyaṇ decided to bring the austerity on the earth himself and give it to that poor Pundit. Shrī Satya Nārāyaṇ assumed the form of a priest and left Vaikuṇtha to meet that Pundit of Kāshī.*

सांई भगवन्, द्विज के रूप में,
उस नगरी में उसे मिले

2. Story of the Pundit of Kashi

(श्रीभगवान्तमुवाच)

क्षुधितस्तृषितो विप्र सकलं दिनमातपे ।
मार्गात्मार्गं किमर्थं भोः एवं भ्रम्यसि पत्तने ।।

(श्री भगवान ने उसे पूछा)

यों नगरी में क्यों फिरते हो, भूखे प्यासे गली कुची ।
द्विजवर मुझको सब कुछ कहिये, इतने क्यों हो दीन दुःखी ।। 74

◎ **Lord Nārāyaṇ :** *The Lord sat with the Pundit and lovingly said to him, "O Pundit! why do you wander in the city hungry and thirsty all day?" Please tell me, "why are you so sad and why do you cry all day."*

ब्राह्मणोऽति दरिद्रोऽहं भिक्षार्थं वै भ्रमे महीम् ।
उपायं यदि जानासि कृपया कथय प्रभो ।। 4 ।।

(निर्धनः पण्डित आह)

प्रभो भिक्षुर्दरिद्रोऽहं भ्रम्यामि वै गृहाद्गृहम् ।
ब्रूहि कश्चिदुपायं मां मुक्तिर्दुःखाद्भवेत्कथम् ।।

(गरीब पंडित बोला)

पंडित बोला मैं निर्धन हूँ, भीख माँगता फिरता हूँ ।
उपाय कोई कहिये प्रभु जी, विनती आपसे करता हूँ ।। 75

◎ **Pundit :** *The Pundit said, O Lord! I am a very poor person. I move in the city to beg for alms. O Lord! "if you know any alternative, please tell me. I will do it with faith."*

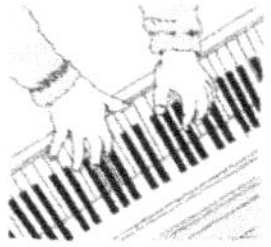

गीत 21 : राग भैरवी कहरवा ताल 8 मात्रा

(प्रभु बताओ)

स्थायी

प्रभु बताओ दुखी जहाँ का, अजीब खेला क्यों है रचाया ।
ये शोर दुखियों की आतमा का, कहो प्रभु जी क्यों है मचाया ।।

♫ साप- पपधमप पधनिसां निध- प-, गम-ध पमगसा सानिध- निसारेगग- ।
सा प-प पधमप प धनिसांनिध- प-, गम- धपमगसा सानिध- निसा-सा- ।।

अंतरा–1

यहाँ न कोई किसी का भाई, न दोसती में कहीं सचाई ।
ये हाल जीने का इस जहाँ में, बताओ प्रभु जी क्यों है बनाया ।।

♫ गम- म ध-नि- सांसां- सां निरेसां-, नि नि-निसां- सां- निसांरें सांध-प- ।
प प-प पधमप प धनिसां निध- प-, गम-ध पमगसा सानि ध- निसारेगग- ।।

अंतरा–2

कहीं लड़ाई या बेवफाई, मगर भलाई न दे दिखाई ।
बेहाल आँसू पीना जहाँ में, बतादो प्रभु जी क्यों है सनाया ।।

अंतरा–3

कहीं बुराई कहीं दुहाई, कहीं जुदाई कहीं रुलाई ।
ये साज रोने का इस जहाँ में, न जाने प्रभु जी क्यों है बजाया ।।

◎ **O Lord! : *Sthāyī :*** *O Lord! tell us, why have you created this strange world of pain and suffering? And, why have you filled in it this noise of the sobs of the hurtful souls?* ***Antarā : 1.*** *No one is anyone's brother here, nor is there any honesty in their friendship, such state of affair in this world, O Lord! why have you created?* ***2.*** *Either the people fight or they deceive each other, but you don't see good people around, why is such state in this world, O Lord! why have you filled hearts with sadness and tears?* ***3.*** *Either there is wickedness or there is a call for help, or parting, or a cry of sorrow, why, O Lord! why in this world have you played such sad music?*

सत्यनारायणो विष्णुर्वाञ्छितार्थफलप्रदः ।
तस्य त्वं पूजनं विप्र कुरुष्व व्रतमुत्तमम् ।। 5 ।।

(द्विजरूपः प्रभुरुवाच)

प्रभुर्ब्रूते नु भिक्षुं तं सत्यनारायणव्रतम् ।
पूजा तस्य प्रसादश्च दुःखानि हरतः सदा ।।

(द्विज रूप वाले भगवान् ने फिर कहा)

सत्यनरायण विष्णु भगवन्, मन चाहा फल दाता हैं ।
पूजा उनकी और प्रसाद से, हर दुःख नर का जाता है ।। 76

(अर्थात्)

लक्ष्मीनारायण सत्यसाईं, घर नर का भर देते हैं ।

पूजन उनका और सत्यव्रत, दुःख नर का हर लेते हैं ।। 77

◎ **Satya Deva :** *Lord Satya Nārāyaṇ, who was disguised as a priest, said : "O Pundit! Lord Satya Nārāyaṇ fulfills your wishes if you perform the Austerity of Shrī Satya Nārāyaṇ with full faith and according to its rites. You will remove all your past sins and you will live happily. All your pains will be gone. If you perform the austerity regularly, you will attain a place in the heaven at the feet of the Lord."*

यत्कृत्वा सर्वदुःखेभ्यो मुक्तो भवति मानवः ।
विधानं च व्रतस्यापि विप्रायाभाष्य यत्नतः ।
सत्यनारायणो वृद्धस्तत्रैवान्तरधीयत ।। 6 ।।

(ततः)

ततो व्रतविधिं कृत्स्नं विप्रमुक्त्वा च स्नेहतः ।
वृद्धद्विजावतारात्स तिरोहितोऽभवत्प्रभुः ।।

(फिर)

उस पंडित को बड़े प्रेम से, कह कर व्रत का विधि विधान ।

बूढ़े द्विज के रूप में भगवन्, हुए वहाँ से अंतर्धान ।। 78

◎ **Thus :** *Giving the rites and the method of the Vrat (austerity) thus, Shrī Satya Nārāyaṇ blessed the Pundit of Kāshī and disappeared.*

(तदा तत् श्रुत्वा सशंकः चिन्तितवान्)

तदाकर्ण्य सशंकस्त्वचिन्तयत्स्वगतं तदा ।
विना धनं विधिं ज्ञात्वा विप्रः स किं करिष्यति ।।

(तब सशंक ने मन ही मन सोचा)

स्वर्ग गये जब सत्य प्रभु जी, सशंक ने सोचा ऐसे ।

विधि जान कर क्या कर लेगा, भिखारी पंडित बिन पैसे ।। 79

◎ **Sashank jī :** *When Lord Satya Nārāyaṇ gave the austerity to the Pundit of Kāshīi and left for Vaikuṇtha (heaven), Sashank jī said, "O Sūt muni! even if the poor Pundit knows the austerity, what will he do without money."*

तद्व्रतं सङ्करिष्यामि यदुक्तं ब्राह्मणेन वै ।
इति सञ्चिन्त्य विप्रोऽसौ रात्रौ निद्रां न लब्धवान् ।। 7 ।।

(किन्तु तत एवमभवत्)

सत्यव्रतमहं श्वो हि करिष्यामि विचिन्त्य सः ।
प्रभुं सस्मार शय्यायां यावन्नक्तमनिद्रितः ।।

(मगर फिर हुआ ऐसे)

सत्य व्रत मैं कल ही करूँगा, इस विचार में लगा हुआ ।

निंदिया खोकर सोचता रहा, बहुत रात तक जगा हुआ ।। 80

◎ **Sūt jī :** *Sūt muni said, "O Sashank jī! please hear what happened next and then you will get the answer to your question." As Shrī Satya Deva left, the Pundit said to himself, "I shall perform the austerity tomorrow." He went home thinking how will I do it without any money. Thinking thus he could not sleep. He stayed awake till late night.*

ततः प्रातः समुत्थाय सत्यनारायणव्रतम् ।
करिष्य इति सङ्कल्प्य भिक्षार्थमगमद्द्विजः ।। 8 ।।

जागरितः स शीघ्रञ्च सत्यमनुस्मरन्प्रगे ।
व्रतं सायं करोमीति बुद्ध्वा भिक्षां गतः पुरम् ।।

स्मरण सत्य का किये सवेरे, विप्र उठा होली होली ।

"व्रत संध्या को करूँगा," कह कर, शहर गया लेकर झोली ।। 81

◎ **In the morning :** *Next morning, the Pundit woke up slowly and happily. Vowing that he will perform the Pūjā in the evening, he went to the town for begging alms with faith.*

तस्मिन्नेव दिने विप्रः प्रचुरं द्रव्यमाप्तवान् ।
तेनैव बन्धुभिः सार्धं सत्यस्य व्रतमाचरत् ।। 9 ।।

(सायम्)

सोऽद्येश्वरकृपां भुक्त्वा प्राप्तवान्पुष्कलं धनम् ।
गृहे सायं व्रतं तेन कृतं च बन्धुभिः सह ।।

(इस तरह से भजन गाते हुए सायंकाल में)

प्रभु की माया, आज था आया, पैसा उसके हाथ में ।

फिर संध्या को व्रत मनाया, बन्धुजनों के साथ में ।। 82

◎ **That day :** *That day, with the kind grace of Lord Satya Nārāyaṇ, the Pundit received ample money in alms. He went to market and bought the required material and performed the Satya Pūjā with his loved ones in the evening.*

2. Story of the Pundit of Kashi

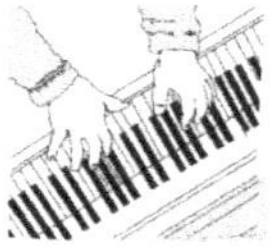

गीत 22

(नारायण श्री)

स्थायी

जै जै बोलो नारायण की, विष्णु विश्व के स्वामी हैं ।
जै जै बोलो रामायण की, जिष्णु अंतर्यामी हैं ।।

♫ रे– रे– ग–ग– म–म–धप म–, ग–म– ध–प म ग–म– प– ।
सा– सा– रे–रे– ग–ग–पम ग–, ध–प– म–गपम–ग– रे– ।।

अंतरा–1

जय जय बोलो वासुदेव की, विष्णु हमारे स्वामी हैं ।
दीनों के बंधु करुणा सिंधु, विष्णु हमारे साँई हैं ।।

♫ सानि़ रेसा ग–ग– प–मग–म प–, निधप गम–प– मगमप ध– ।
निसांध प ग–म– प–मग म–प–, ध–प मम–ग– म–रे– सा– ।।

अंतरा–2

जय जय बोलो विष्णु देव की, विष्णु हमारे स्वामी हैं ।
साँई दयालु साँई कृपालु, विष्णु हमारे साँई हैं ।।

अंतरा–3

जय जय बोलो लाक्ष्मीनाथ की, विष्णु हमारे स्वामी हैं ।
भव की नैया और खेवैया, विष्णु हमारे साऋई हैं ।।

अंतरा–4

जय जय बोलो श्री भगवन् की, विष्णु हमारे स्वामी हैं ।
परम सहारा एक किनारा, विष्णु हमारे साँई हैं ।।

अंतरा–5

जय जय बोलो महाविष्णु की, विष्णु हमारे स्वामी हैं ।
वैकुण्ठ धामी सरबस गामी, विष्णु हमारे साऋई हैं ।।

अंतरा–1

विष्णु कन्हाई विष्णु गोसाँई, विष्णु हमारे स्वामी हैं ।
विष्णु भाई हैं, विष्णु माँई हैं, विष्णु हमारे साँई हैं ।।

◎ **O Hari! :** ***Sthāyī :*** *Say, Victory to Shrī Vishṇu Nārāyaṇ. He is our Lord. He is the giver of happiness. He is the remover of miseries. He is our Lord.* ***Antarā : 1.*** *Say victory to Vasudeva. Vishṇu is our Lord. He the brother of the helpless. He is the ocean of mercy. Vishṇu is our Lord.* ***2.*** *Vishṇu is our Lord. Vishṇu is kind. Vishṇu is merciful. Vishṇu is our Lord.* ***3.*** *Vishṇu is our Lord. He os the boat and the boatman in the worldly ocean. Vishṇu is our Lord.* ***4.*** *. He is our supreme support. Vishṇu is our Lord.* ***5.*** *Vishṇu is our Lord. His abode is Vaikuṇṭha. He is Omnipresent. Vishṇu is our Lord.* ***6.*** *Vishṇu is our Lord. He is our brother. He is mother. He is our Lord.*

सर्वदुःखविनिर्मुक्तः सर्वसंपत्समन्वितः ।
बभूव स द्विजश्रेष्ठो व्रतस्यास्य प्रभावतः ।। 10 ।।

ॐ **स च पुण्यप्रसादेन निर्धनः सधनो गतः ।**
सत्यभक्तः स विप्रो हि सर्वपापैर्विमोचितः ।।

सत्यव्रत के शुभ प्रभाव से, धन दौलत से युक्त हुआ ।
सत्य भक्त वो द्विजवर पंडित, सब दुःखों से मुक्त हुआ ।। 83

◎ **Then :** *Then, with the divine power of the austerity of Shrī Satya Nārāyaṇ, day after day he became richer and richer. He became free of beggary, poverty and pains.*

ततः प्रभृति कालं च मासि मासि व्रतं कृतम् ।
एवं नारायणस्येदं व्रतं कृत्वा द्विजोत्तमः ।
सर्वपापविनिर्मुक्तो दुर्लभं मोक्षमाप्तवान् ।। 11 ।।

ॐ **प्रतिमासं ततस्तेन व्रतं कृतं यथाविधि ।**
प्रसादस्य प्रभावेन मोक्षं स प्राप्तवान्स्ततः ।।

हर महीने फिर उस पंडित ने, किया व्रत यथा शक्ति से ।
सब पापों से मुक्ति पाकर, मोक्ष मिलाया भक्ति से ।। 84

◎ **Each month :** *He performed Satya Pūjā each month as he could afford. His all his sins vanished and at the end he earned a place in the heaven at the feet of Lord Vishṇu.*

(सूतमुनिस्तत आह)

ॐ **भोः ऋषिमुनयस्तर्हि भक्त्या शृण्वन्तु मे वचः ।**
सत्यभक्तस्य पापानि विनश्यन्ति स्वयं सुखम् ।।

(सूत जी ने फिर बताया)

2. Story of the Pundit of Kashi

हे ऋषि मुनियों बात सुनियो, जो कहता हूँ आप से ।
सत्य भक्त के सब दु:ख जाकर, वह छूटता है पाप से ।। 85

(अर्थात्)

सत्य व्रत को नित्य जो करे, सब दु:ख उससे परे रहें ।
इस धरती पर दिन उस नर के, सभी सुखों से भरे रहें ।। 86

◎ Sūt **muni :** *Telling the story of the "Pundit of Kāshī," Sūt muni said, O Rishis! please listen to the moral that we learn from this story. "The devotees of Shrī Satya Nārāyaṇ become free from their sins and their troubles. They live in happiness on the earth and go to heaven when they die."*

व्रतमस्य यदा विप्राः पृथिव्यां सङ्करिष्यति ।
तदैव सर्वदु:खं तु मनुजस्यविनश्यति ।। 12 ।।

(ततः सूतं मुनयः पृष्टवन्तः)

श्रुत्वा विप्रात्ततः केन व्रतं कृतं यथाविधि ।
कथय तन्मुनिवर्य यदि स्मरसि सद्गुरो ।।

(फिर, ऋषियों ने सूत जी से पूछा)

उस पंडित से सुन कर किसने, व्रत किया था बाद में ।
कहिये सूत जी, हम सुनेंगे, यदि है आपकी याद में ।। 87

◎ **Rishis :** *Having heard the wonderful story of "the Pundit of Kāshī," the Rishis said, O Sūt jī! if you remember, "could you please tell us who then performed the austerity of Satya Nārāyaṇ, having heard it from the Pundit of Kāshī?"*

एवं नारायणेनोक्तं नारदाय महात्मने ।
मया तत्कथितं विप्राः किमन्यत्कथयामि वः ।। 13 ।।
तस्माद्विप्राच्छ्रुतं केन पृथिव्यां चरितं मुने ।
तत्सर्वं श्रोतुमिच्छामः श्रद्धास्माकं प्रजायते ।। 14 ।।

(सूत उवाच)

भोः ऋषिमुनयः प्रेम्णा शृणुध्वं तां कथां पुराम् ।
द्विजेन सह संवादं काष्ठिकस्य स्मरामि तम् ।।

(सूत जी ने कहा)

हे ऋषि मुनियों प्यार से सुनियो, मुझे अभी भी याद है ।
उस पंडित का लकड़हारे से, मन मोहक संवाद है ।। 88

◎ Sūt **jī :** *Hearing the interesting question from the Rishis, Sūt muni said, "O Rishis! yes, I do remember the dialogue between the Pundit and a poor wood-seller of Kāshī."*

2. Story of the Pundit of Kashi

सत्य का पूजन जिस किसी भी दिन, साँझ समय में प्यार से । बंधु जनों के साथ कीजिए, विधि विहित आचार से ।।

३. लकड़हारे की कथा ।

3. Story of the Wood-Seller

गीत 23

(सत्य पूजन)

स्थायी

तेरे पूजन से भगवान, होते पूरण सबके काम ।

♫ सोसा- रे-रेरे ग- रेगम-म, गमग- प-मग रेगरे सा-सा ।

अंतरा-1

जिसने माया तेरी जानी, उसने छाया तेरी पानी ।

तेरे गाकर नित गुण गान, उसके पूरण हैं सब काम ।।

♫ रे-ममम- म-म- प-मग रे-ग-, पपम- ग-रे- म-गरे सा-रे- ।

सानिध़- नि़-निनि़ सासा सारेग-ग, रेगरे- म-गरे ग- रेग सा-सा ।।

अंतरा-2

सत्य कथा को जिसने गाया, व्रत के फल को उसने पाया ।

होकर सफल मेरे अरमान, उसके पूरण हैं सब काम ।

अंतरा-3

नाम को तेरे जिसने माना, तेरे मन को उसने जाना ।

पाकर तेरा ही फरमान, उसके पूरण हैं सब काम ।

अंतरा-4

पूजन तेरा जिसको भाया, उसने जानी तेरी माया ।

फिर पाकर शुभ अंजाम, उसके पूरण हैं सब काम ।

◎ **Satya Pūjan : *Sthāyī :*** *O Lord Vishṇu! our wishes are fulfilled with your worship.* ***Antarā : 1.*** *O Lord! he who understands your kind grace, he receives your shelter. He sings the songs of your praises and his wishes are fulfilled.* ***2.*** *O Lord! he who sings this musical story of Satya Pūjā, he receives the benefit from that divine austerity. His deeds are successful and his desires are fulfilled.* ***3.*** *O Lord! he who has kept your name at his heart, he understands your mind.* ***4.*** *O Lord! he who enjoys your worship, he knows your grace. He gets auspicious results and his dreams are fulfilled.*

शृणुध्वं मुनयः सर्वे व्रतं येन कृतं भुवि ।
एकदा स द्विजवरो यथा विभवविस्तरैः ।। 15 ।।

(एवमेव यदा स पण्डितः कथां गायति स्म तदा)

द्विजवरः कदाचित्स गायति स्म कथां गृहे ।
गच्छति स्म बहिर्विथ्यां काष्ठिकश्चाति निर्धनः ।।

(इस तरह से)

एक दिन घर में सत्य कथा को, पंडित जब था गा रहा ।
बाहर रस्ते एक अकिंचन, लकड़हारा था जा रहा ।। 89

◎ **One day :** *One day, when the Pundit of Kāshī was singing songs of Shrī Satya Nārāyaṇ and performing the Satya Pūjā, a poor wood-seller was psssing near his house.*

बन्धुभिः स्वजनैः सार्धं व्रतं कर्तुं समुद्यतः ।
एतस्मिन्नन्तरे काले काष्ठक्रेता समागमत् ।। 16 ।।

स्वादुं सत्यकथां श्रुत्वा स द्वारं समुपागतः ।
पावनं नाम सत्यस्य तस्याकृषच्च मानसम् ।।

सुन कर प्यारा गान सत्य का, वह फाटक में आगया ।
द्विज के मुख से नाम सत्य का, मन पर उसके छागया ।। 90

तिष्ठन्स्तत्रैव मुग्धः स शृण्वँल्लीनोऽभवत्कथाम् ।
परन्तु काष्ठभारस्तम् अददन्मस्तके व्यथाम् ।।

खड़ा खड़ा वो मुग्धसा होकर, मनआनंद था ले रहा ।
भारी काष्ठ का सिर का बोझा, कष्ट था उसको दे रहा ।। 91

◎ **That time :** *hearing the sweet and holy songs, the wood-seller come to his gate stood there listening the Pūjā. The names of satya Nārāyaṇ attracted the wood-seller. Standing there at the gate, he was enjoying the austerity, but the heavy burden of wood faggot was hurting his neck.*

3. Story of the Wood-Seller

बाहर रस्ते एक अकिंचन लकड़हारा था जा रहा ।

बहिः काष्ठं च संस्थाप्य विप्रस्य गृहमाययौ ।
तृष्णया पीडितात्मा च दृष्ट्वा विप्रं कृतव्रतम् ।। 17।।

(ततः अचानक् सः)

भारं हित्वा ततो भूमौ अतिथिरभवद्व्रते ।
मग्नोऽभवत्कथां श्रृण्वन् काष्ठिकः स महाजनाः ।।

(फिर अचानक वह)

सिर से बोझा नीचे रख कर, व्रत में अतिथि होगया ।
सत्य कथा को सुनते सुनते, कहाँ न जाने खोगया ।। 92

दरिद्रः क्षुधितस्तत्र श्रुतव्रतः स काष्ठिकः ।
चरणौ विप्रवर्यस्य दण्डवत्प्रणतिं गतः ।।

भूखा प्यासा पीड़ित तन का, मन था जिसका बैठ गया ।
वह अतिथि, बाद कथा के, द्विजचरणों में लेट गया ।। 93

◎ **Therefore :** *Therefore, he put the bundle of wood sticks down and came inside and sat in the Pūjā. Having entered the house, he touched the feet of the Pundit and prostrated before him.*

वह अतिथि बाद कथा के, द्विजचरणों में लेट गया ।

प्रणिपत्य द्विजं प्राह किमिदं क्रियते त्वया ।
कृते किं फलमाप्रोति विस्तराद्वद मे प्रभो ।। 18।।

नत्वा स द्विजमपृच्छत् कस्यास्त्यैष विधिर्प्रभो ।
अस्मात्किं फलमायाति ब्रूहि तन्मे सविस्तरम् ।।

प्रणाम करके द्विज से बोला, कृपा कीजिये, दयानिधे! ।
इस व्रत से क्या फल मिलता है, किस व्रत का है यह विधि ।। 94

◎ **And :** *Bowing to the Pundit, he said, "O Pundit jī! which God are you worshipping. What fruit this austerity gives and how do you perform this Pūjā?"*

सत्यनारायणस्येदं व्रतं सर्वेप्सितप्रदम् ।
तस्य प्रसादान्मे जातं धनधान्यादिकं महत् ।। 19।।

(पण्डित उवाच)

व्रतं तस्मै नु सत्यस्य भावोऽस्ति हृदि यस्य हि ।
प्रभावश्च व्रतस्यास्य पूरयति मनोरथम् ।।

(पंडित ने बताया, यह सत्य का व्रत है)

सत्य व्रत है उसी के लिये, जिसके मन में भाव है ।
मन की माँगें पूरीं कर दे, ऐसा इसमें प्रभाव है ।। 95

◎ **Pundit :** *Hearing the questions of the wood-seller, the Pundit said, "O Dear devotee! this austerity is for him who has faith in Lord Vishṇu. This Pūjā has divine* *powers to fulfill your wishes."*

एककाले दरिद्रोऽहम्–आसं त्वत्तोऽप्यकिञ्चनः ।
व्रतस्यास्य प्रसादाद्धि लक्ष्म्याः प्रीतिः स्थिरा मयि ।।

किसी काल में मैं निर्धन था, तुझसे भी था गरीब मैं ।
व्रत इसी का प्रसाद पाकर, अब लक्ष्मी के करीब मैं ।। 96

◎ **And :** *And, the Pundit said, "at one time I was more poor than you are, but with the kind blessings from this austerity, Goddess Lakṣhmī is pleased with me and I am now rich and happy."*

तस्मादेतद् व्रतं ज्ञात्वा काष्ठक्रेताऽतिहर्षितः ।
पपौ जलं प्रसादं च भुक्त्वा स नगरं ययौ ।। 20।।

(ततः)

श्रुत्वा सुखमुपायं तं सोऽभवद्धर्षितो हृदि ।
प्रसादतीर्थपानादिं स्वीकृत्य गृहमागतः ।।

(फिर)

उस पंडित से उपाय सुन कर, वह था मन में हरषाया ।
प्रसाद खाकर, तीर्थपान कर, सत् गुण गाता घर आया ।। 97

◎ **The wood-seller :** *Hearing the remedy from the Pundit, the wood seller became joyful. He ate the offerings (Prasād) and drank the holy water (Tīrath) of the austerity and returned home singing the names of Shrī Satya Nārāyaṇ.*

सत्यनारायणं देवं मनसा इत्यचिन्तयत् ।
काष्ठं विक्रयतो ग्रामे प्राप्यते चाद्य यद्धनम् ।। 21।।

(ततश्च स रात्रौ चिन्तितवान्)

काष्ठं विक्रीणनद्याहं सहे कष्टानि सर्वशः ।
व्रतं सायं करिष्यामि दद्यादिष्टं हि यत्फलम् ।।

(और फिर रात में सोचने लगा)

दिन भर चल कर काष्ठ बेचूँगा, चाहे जितने कष्ट हों ।
यथा शक्ति फिर व्रत करूँगा, फल देता जो इष्ट हो ।। 98

◎ **At home :** *At home, he said, "tomorrow I will sell wood all day and whatever I earn, I will perform the austerity that gives desired fruit."*

तेनैव सत्यदेवस्य करिष्ये व्रतमुत्तमम् ।
इति सञ्चिन्त्य मनसा काष्ठं धृत्वा तु मस्तके ।। 22।।
जगाम नगरे रम्ये धनिनां यत्र संस्थितिः ।
तद्दिने काष्ठमूल्यं च द्विगुणं प्राप्तवानसौ ।। 23।।

यावन्नक्तं स्मरन्सत्यं शीघ्रं स जागृतोऽभवत् ।
प्रातश्शुद्धं मनः कृत्वा नगरं स गतस्ततः ।।

नाम सत्य का लिये रात भर, उठा सवेरे जल्दी से ।
काष्ठ बेचने निकला घर से, पवित्र होकर हल्दी से ।। 99

◎ **At night :** *At night, he chanted the names of Satya Deva and got up early in the morning. He left home with faithful mind to sell wood in the city.*

महापुरं गतो यत्र मूल्यं यच्छन्ति श्रीमतः ।
प्राप्तवाप्रचुरं द्रव्यं यथा भगवतः कृपा ।।

बड़े शहर में गया जहाँ पर, कीमत का नहीं बंधन था ।
काष्ठ वहाँ पर बेचके उसको, आज मिला दुगुना धन था ।। 100

◎ **Today :** *With the kind mercy of Shrī Satya Nārāyaṇ, today he could sell lots of wood at a higher price. He earned ample money to perform the austerity.*

सत्यस्य मायया तस्य श्रद्धाहर्षाववर्धताम् ।
व्रतस्य निश्चयस्तस्य सुदृढश्चाभवत्तदा ।।

ततः प्रसन्नहृदयः सुपक्वं कदलीफलम् ।
शर्करा घृतदुग्धं च गोधूमस्य च चूर्णकम् ।। 24।।

गुडं गोधूमचूर्णं च दुग्धं रम्भाफलं घृतम् ।
क्रीत्वा च गृहमागत्य स सायमकरोद्व्रतम् ।। 1848

कृत्वैकत्र सपादं च गृहीत्वा स्वगृहं ययौ ।
ततो बन्धून्समाहूय चकार विधिना व्रतम् ।। 25।।

पूजां कृत्वा यथाशक्ति कथां च बन्धुभिः सह ।
प्रसादं भोजनं प्रीत्या प्राप्त्वा सर्वे गृहं गताः ।।

आटा चीनी दूध घी केले, सब लेकर जब घर आया ।
हर्ष से भरा मन था उसका, पुलकित उसकी थी काया ।। 101
यथा शक्ति सब विधि से करने, साँझ समय में सबके साथ ।
बन्धुजनों के साथ बैठ कर, सत्य प्रभु को जोड़े हाथ ।। 102
सत्य कथा को सबने गाकर, सत्य देव का भजन किया ।
सबने मिल कर सत्य देव के, नाम स्मरण से यजन किया ।। 103
प्रसाद खाकर तीर्थपान कर, प्रीतिभोज में स्थान लिया ।
प्रसन्न मन से अपने अपने, घर सबने प्रस्थान किया ।। 104

◎ **Then :** *With enough money in his pocket, he went to market. He bought flour, sugar, butter, bananas, etc. and came home with a great joy at his heart. In the evening he called his friends and relatives and performed the austerity of Shrī Satya Nārāyaṇ. They all together sang songs of Satya Deva, did the Pūjā and took Prasād. Receiving the kind blessings from Shrī Satya Nārāyaṇ they went home.*

(ततः)

ततः सर्वाणि कर्माणि सत्यस्य नाम्नि चाकरोत् ।
रब्धं तस्य दिनं स्मृत्वा लक्ष्मीनारायणप्रभुम् ।।

(उसके बाद)

उस दिन से फिर काम हर किया, सत्य देव के वंदन से ।
सत्य कृपा से अल्प काल में, मुक्त हुआ सब बंधन से ।। 105

◎ **From that day :** *From that day, the wood-seller did all his duties in the name of Shrī Satya Nārāyaṇ. In a short time then he became free from all his miseries and lived happily ever after.*

तद्व्रतस्य प्रभावेण धनपुत्रान्वितोऽभवत् ।
इह लोके सुखं भुक्त्वा चान्ते सत्यपुरं ययौ ।। 26 ।।

(ततश्च)

प्राप्ता प्रभोः कृपा तस्मात्–लक्ष्म्याश्च धनसम्पदौ ।
ततः मानं च विश्वे स स्वर्गे च पदमव्ययम् ।।

(अर्थात्)

गतानि सर्वदुःखान्यवशिष्टानि सुखानि नु ।
पुत्रपौत्रादयः प्राप्ताः स्वर्गं च लब्धवान्ततः ।।

(और फिर)

नारायण से कृपा मिली और, लक्ष्मी से धनवान बना ।
जग में उसको मान मिला और स्वर्ग में उसका स्थान बना ।। 106
सब दुख उसके नष्ट हो गये, केवल सुख का नाम था ।
पुत्र पौत्र के लाड़ प्यार में, स्वर्ग में उसका धाम था ।। 107

◎ **Blessing :** *With the blessings from Lord Satya Nārāyaṇ and Goddess Lakṣhmī, he became rich. He received respect in the society. All his pains disappeared and happiness showered on him. He found a place in the heaven.*

इति श्रीस्कन्दपुराणस्य रेवाखण्डात् श्री–सत्यनारायण–व्रत–कथाया रत्नाकर–रचितः ससंगीतः सचित्रः सटीकः सविस्तरः द्वितीयोऽध्यायः ।

◎ **Thus :** *Thus concludes the Second Chapter of the new musical story of the austerity of Shrī Satya Nārāyaṇ, as narrated in the Revā Khaṇḍ of the Skand Purāṇ, with detailed explanation, illustrations and answers to your questions and doubts*

(वीणापाणिः नारदः प्रविशति)
नारायण! नारायण!
(स्वगतम्) **विचित्रः खलु अस्य जगतः जनानां व्यवहारः! अवश्यंभाविनं मृत्युं जानन्तोऽपि एते जनाः मोक्षोपायं कदापि न चिन्तयन्ति । अर्थकामार्जने मग्नाः न स्मरन्ति धर्मं न वा मोक्षम् । हू ...** (निश्वस्य) **कथं वा एतेषां अभ्युदयः स्यात् ...? केवलं सांसारिकविषयान् एव ध्यायतः परब्रह्मविचारम् अकुर्वतः एतान् पश्यतः मम मनः विषादम् अनुभवति । प्रायः लोके सर्वेऽपि जनाः एवमेव व्यवहरन्ति ।**
(विश्वासः – 1998 संदेश–विजदशमीविशेषांके, पृ. 55)

3. Story of the Wood-Seller

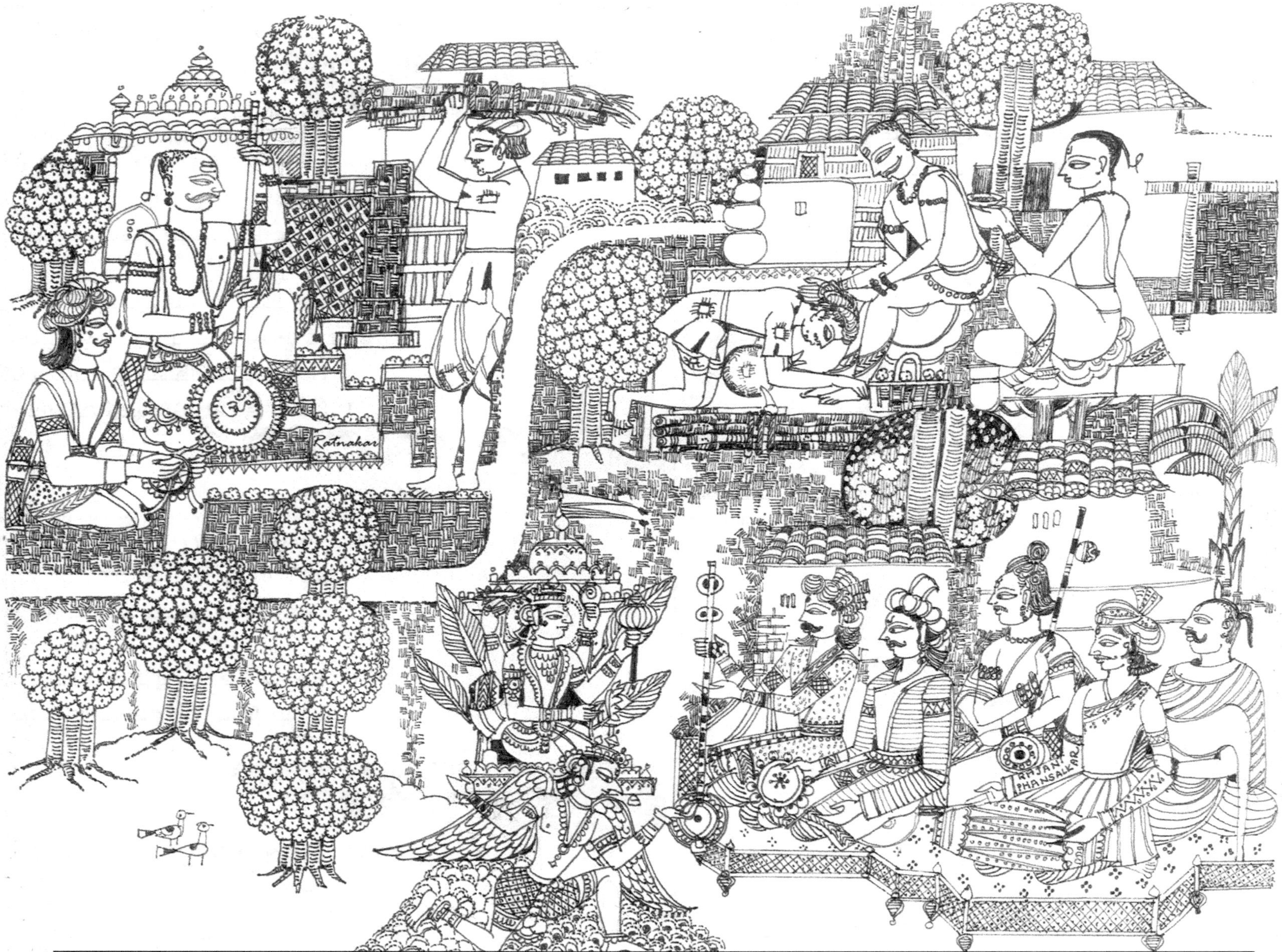

नारायण से कृपा मिली और, लाक्ष्मी से धनवान् बना । जग में उसको मान मिला और, स्वर्ग में उसका स्थान बना ।।

अध्याय तीसरा
भद्रशीला के उल्कामुख की कथा ।

CHAPTER 3

4. Story of King Ulkāmukh of Bhadrashīlā

पुनरग्रे प्रवक्ष्यामि शृणुध्वं मुनिसत्तमाः ।
पुरा चोल्कामुखो नाम नृपश्चासीन्महामतिः ।। 1।।

(सूतस्तत उवाच)

भोः ऋषिमुनयोऽग्रे च शृणुध्वमपरां कथाम् ।
उल्कामुखस्य राजानो विदुषश्च पुरातनाम् ।।

(सूत जी ने फिर कहा)

हे ऋषि मुनियों आगे सुनियो, तीसरी कथा ध्यान से ।
उल्कामुख की, नृप जो सनातन, परम श्रेष्ठ था ज्ञान से ।। 108

◎ Sūt **muni :** *Sūt muni said, O Devotees! please now here the story of King Ulkāmukh. Ulkāmukh was an ancient king well known for his knowledge and wisdom.*

जितेन्द्रियः सत्यवादी ययौ देवालयं प्रति ।
दिने दिने धनं दत्त्वा द्विजान्सन्तोषयन्सुधीः ।। २।।

ज्ञानी दानी प्रजाप्रेमी सत्यभक्तश्च सद्गुणी ।
कुशलबुद्धिरासीत्स सत्यवानात्मनिग्रही ।।

वह ज्ञानी था आत्मसंयमी, सत्य वचनी राजा था ।
वह दानी था प्रजा का प्रेमी, सद्गुणों से साजा था ।। 109

(अर्थात्)

मनोनिग्रही सत्य वचनी, राजा दिल का दानी था ।
कुशल बुद्धि में सत्यभक्ति में, न कोई उसका सानी था ।। 110

◎ **Ulkāmukh :** *King Ulkāmukh was righteous, honest and a charitable person. There was no one as faithful as he was in that kingdom. He was a devotee of Lord Vishṇu.*

भार्या तस्य प्रमुग्धा च सरोजवदना सती ।
भद्रशीलानदीतीरे सत्यस्य व्रतमाचरत् ।। ३।।

भार्या तस्य पतिव्रता नारी साऽतीव सुंदरी ।
यथा राजा तथा राज्ञी भक्तियुक्ता च श्रीमती ।।

भार्या उसकी अति सुंदर थी, कमल सी कली प्यारी थी ।
मन मोहक थी, पतिव्रता थी, श्रद्धा वाली नारी थी ।। 111

◎ **King Ulkāmukh's wife :** *King Ulkāmukh's wife was also a righteous and faithful woman. The queen was dedicated to her husband.*

एतस्मिन्नन्तरे तत्र साधुरेकः समागतः ।
वाणिज्यार्थं बहुधनैरनेकैः परिपूरितः ।। 4।।

(एकदा)

एकदा सत्यभक्तौ तौ भद्रशीलानदीतटे ।
सत्यव्रतं यथानित्यम्-आचरतः स्म श्रद्धया ।।

(एक दिन)

राजा रानी श्रद्धा वाले, भक्त सत्य के गहन थे ।
भद्रशीला नदिया तट पर, एक दिन व्रत में मगन थे ।। 112

◎ **One day :** *One day, king Ulkāmukh and his queen were performing the austerity of Shrī Satya Nārāyaṇ with full devotion, at the bank of river Bhadrashīlā.*

राजा रानी नदी के तट पर, एक दिन व्रत में मगन थे ।

(तत एव)

तस्यां नद्यां तदा तस्माद्गच्छति स्म स्वनौकया ।
व्यापारव्यवहारार्थं साधुनाम्नो वणिग्महान् ।।

(तभी उस समय)

उसी समय पर उस नदिया से, एक वणिक् था आगया ।
"साधु" नाम था उसका फिर भी, धन बहुत था पागया ।। 113

4. Story of King Ulkāmukh of Bhadrashīlā

◎ **At that time :** *At that time, near there, a merchant named "Sadhu" was traveling by his boat in the Bhadrashīlā river. Sadhu had earned lots of wealth. He was a shrewd businessman, though his name was Sadhu.*

नावं संस्थाप्य तत्तीरे जगाम नृपतिं प्रति ।
दृष्ट्वा स व्रतिनं भूपं पप्रच्छ विनयान्वितः ।। 5।।

दूरतो हि नृपं दृष्ट्वा नौका तीरे निवेशिता ।
राजानमुपसङ्गम्य साधुर्वचनमब्रवीत् ।।

दूर से उसने नृप को देखा, और वहाँ पर रुक गया ।
नदी किनारे नाव लगा कर, नृप के आगे झुक गया ।। 114

किमिदं कुरुषे राजन्भक्तियुक्तेन चेतसा ।
प्रकाशं कुरु तत्सर्वं श्रोतुमिच्छामि साम्प्रतम् ।। 6।।

सविनयं च राजानम्-उक्तवान्स महाजनः ।
कस्य व्रतं प्रभोरेतद्-एतस्यास्ति च किं फलम् ।।

बड़े विनय से फिर वह बोला, स्वामी आप क्या कर रहे ।
भक्तिपूर्ण इस पूजापाठ से, देव कौनसा वर रहे ।। 115

◎ **Sadhu :** *From a distance, the merchant saw king Ulkāmukh and his wife performing the Pūjā. Being curious, he stopped his boat and came to king Ulkāmukh to ask him which God he was worshipping with such a great devotion.*

बड़े विनय से साधु बोला, स्वामी आप क्या कर रहे ।

पूजनं क्रियते साधो विष्णोरतुलतेजसः ।
व्रतं च स्वजनैः सार्धं पुत्राद्यवाप्तिकाम्यया ।। 7।।

(उल्कामुख उवाच)

पुत्रप्राप्तिनिमित्तेनैतद्विष्णोः क्रियते व्रतम् ।
फलं ददाति योग्यं च पापं हन्ति च सर्वशः ।।

(राजा ने बताया)

पुत्र प्राप्ति की इच्छा से यह, व्रत विष्णु का होता है ।
इस व्रत के शुभ प्रसाद से नर, सब पापों को धोता है ।। 116

◎ **Ulkāmukh :** *King Ulkāmukh said, O Merchant! we are performing the austerity of Shrī satya Nārāyaṇ. This austerity washes away your sins and fulfills your wishes. We do not have a child, and thus in order to obtain a child we are performing this Pūjā.*

भूपस्य वचनं श्रुत्वा साधुः प्रोवाच सादरम् ।
सर्वं कथय मे राजन्करिष्येऽहं तवोदितम् ।। 8।।

(साधुरुवाच)

व्रतमेतत्करिष्यामि पुत्रप्राप्तेः प्रजापते ।
वदतु मे विधिं तस्य सविस्तरं यथातथा ।।

(साधु वणिक् ने कहा)

पुत्र प्राप्ति का व्रत मैं करूँगा, कल सफल निस्तार से ।
कहिये स्वामी विधि इस व्रत का, मुझे सकल विस्तार से ।। 117

◎ **Sadhu :** *Hearing the wonderful result of the austerity of Shrī Satya Nārāyaṇ, the merchant said to himself, "I need a child. I will do this austerity myself." Thus, he said, "O King! could you please tell me the method of this Pūjā in details."*

ममापि सन्ततीर्नास्ति ह्येतस्माज्जायते ध्रुवम् ।
ततो निवृत्य वाणिज्यात्सानन्दो गृहमागतः ।। 9।।

(व्रतस्य विधिं श्रुत्वा साधुरचिन्तयत्)

अहमपत्यमिच्छाम्युपायमपि च प्राप्तवान् ।
विचिन्त्येति स साधुस्तु ततश्च गृहमागतः ।।

(व्रत का विधि सुन कर साधु ने अपने मन में कहा)

मुझको भी संतान चाहिये, उपाय अब मैं पागया ।
इस विचार में साधु वहीं से, घर वापस था आगया ।। 118

4. Story of King Ulkāmukh of Bhadrashīlā

पुत्र प्राप्ति की इच्छा से यह, व्रत विष्णु का होता है । इस व्रत के शुभ प्रसाद से नर, सब पापों को धोता है ।।

4. Story of King Ulkāmukh of Bhadrashīlā

भार्यायै कथितं सर्वे व्रतं संततिदायकम् ।
तदा व्रतं करिष्यामि यदा मे संततिर्भवेत् ।। 10 ।।
इति लीलावतीं प्राह पत्नीं साधुः स सत्तमः ।
एकस्मिन्दिवसे तस्य भार्या लीलावती सती ।। 11 ।।

चिन्ताऽधुना न काचिद्धि पत्नीमाह प्रतिज्ञया ।
व्रतमहं करिष्यामि प्राप्स्यामि सन्ततिं यदा ।।

पत्नी से फिर सहर्ष बोला, अब तुम्हें अप्रसन्नता न हो ।
प्रण है मेरा व्रत मैं करूँगा, जब हमें सन्तान हो ।। 119

◎ **And :** *Hearing the full story from king Ulkāmukh, Sadhu thought, I should now go home from here and give the good news to my wife Līlāvatī. When he reached home, he said to his wife that he will perform the austerity of Shrī Satya Nārāyaṇ that will give us a child and give us more wealth.*

भर्तृयुक्तानन्दचित्ताऽभवद्धर्मपरायणा ।
गर्भिणी साऽभवत्तस्य भार्या सत्यप्रसादतः ।। 12 ।।

(श्रुत्वा सा पत्युः पुण्यशब्दान्)

उपायं प्रसूतेः श्रुत्वा चित्तज्योतिः प्रकाशिता ।
रता सा पतिसेवायां लीलावती ततोऽभवत् ।।

(पति के पवित्र शब्द सुन कर)

पुत्रप्राप्ति का उपाय सुन कर, ज्योति चित्त में जग गयी ।
लीलावती फिर हुलसित होकर, पतिसेवा में लग गयी ।। 120

◎ **Līlāvatī :** *Hearing the good news, Līlāvatī, the wife of the merchant, became very excited. She engaged herself in the service of her husband to bear a child.*

दशमे मासि वै तस्याः कन्यारत्नमजायत ।
दिने दिने सा ववृधे शुक्लपक्षे यथा शशी ।। 13 ।।

अल्पेष्वेव दिनेषु सा संजाता गर्भधारिणी ।
वार्तां ज्ञात्वा पुरं सर्वं साधुश्च मुदितोऽभवत् ।।

कुछ ही दिनों में सत्य कृपा से, भारी होगये उसके पाँव ।
मुदित होगया साधु वणिक् फिर, खबर जान कर सारा गाँव ।। 121

◎ **Good news :** *Hearing the promise to perform the austerity, Satya Deva decided to test the merchant's integrity. With the kind mercy of Shrī Satya Nārāyaṇ, Līlāvatī soon became pregnant. Seeing his wife pregnant, Sadhu became joyful and so did the whole town.*

(ततः)

भार्या सा नवमे मासे कन्यारत्नमजीजनत् ।
शुक्लपक्षे यथा चन्द्रो ववर्ध सा दिने दिने ।।

(फिर)

नौ मासों में लीलावती की, नन्ही कन्या आयी थी ।
शुक्ल पक्ष के चाँद की भाँति, सबके मन को भायी थी ।। 122

◎ **In short time :** *In nine months, Līlāvatī gave birth to a lovely daughter. The child grew gradually like the growing moon. The daughter was loved by everyone.*

नाम्नाकलावती चेति तन्नामकरणं कृतम् ।
ततो लीलावती प्राह स्वामिनं मधुरं वचः ।। 14 ।।

अप्सरा सदृशी कन्या नाम दत्ता कलावती ।
मात्रा पित्रा च स्नेहेन सत्यनारायणेन च ।।

चंद्रमुखी उस कन्या रत्न का, नाम करण विधि किया गया ।
चंद्रकलासी नन्ही परी को, नाम "कलावती" दिया गया ।। 123

◎ **Kalāvatī :** *As the daughter grew like the beautiful growing moon, the parents named her "Kalāvatī."*

नन्ही परी को, नाम कलावती दिया गया

न करोषि किमर्थं वै पुरा सङ्कल्पितं व्रतम् ।
विवाहसमये त्वस्याः करिष्यामि व्रतं प्रिये ।। 15 ।।

(तदा)

ततो लीलावती प्राह मधुशब्दैः पतिं प्रभो ।
न करोति कथं साधो पुरा सङ्कल्पितं व्रतम् ।।

(तब)

लीलावती ने साधु वणिक् से, हँस कर पूछा तब उस दिन ।
सत्यव्रत का वचन पुराना, पूरा होगा अब किस दिन ।। 124

◎ **One day :** *As the daughter grew older, one day, Līlāvatī asked her husband, O Sādhu! when will you perform the austerity you promised to Lord Shrī Satya Nārāyaṇ?*

साधुराह त्वरा नास्ति चिन्ता माऽस्तु व्रतस्य वै ।
तद्भविष्यति कन्याया विवाहसमये प्रिये ।।

साधु बोला होगा व्रत फिर, मुझको क्या है अब जल्दी ।
करूँगा व्रत मैं शुभविवाह में, लगेगी इसको जब हल्दी ।। 125

◎ **Sādhu :** *Hearing the question of his wife, merchant Sādhu said, O Līlāvatī! now that we already got a lovely daughter, what is the need or rush for performing the austerity of Shrī Satya Nārāyaṇ? I promise, I will do it when our daughter Kalāvatī grows older and gets engaged and gets married. Shrī Satya Nārāyaṇ was listening to his promises patiently.*

इति भार्यां समाश्वास्य जगाम नगरं प्रति ।
ततः कलावती कन्या ववृधे पितृवेश्मनि ।। 16 ।।

पत्नीमाश्वासयामासानृतेन वचनेन सः ।
पण्यार्थं च गतो देशं कृत्वा देवं च कोपिनम् ।।

वचन इस तरह देकर फिरसे, पत्नी को चुप कर गया ।
धंधा करने शहर गया और, फिर वादे से मुकर गया ।। 126

◎ **Second Promise :** *Making such second promise to Shrī Satya Nārāyaṇ in front of his wife, merchant Sādhu left for business to other town.*

दृष्ट्वा कन्यां ततः साधुर्नगरे सखिभिः सह ।
मन्त्रयित्वा द्रुतं दूतं प्रेषयामास धर्मवित् ।। 17 ।।

(एकदा ततो दीर्घसमयेन)

कन्यां तां युवतीं दृष्ट्वा स्मारो जातो व्रतस्य तम् ।
व्रतं परिणये पुत्र्याः तेन सङ्कल्पितं पुनः ।।

(और फिर लंबे समय के बाद, एक दिन)

कन्या रानी युवती जब हुई, एक दिन व्रत की आयी याद ।
मन में बोला, "व्रत मैं करूँगा, अब इसकी मंगनी के बाद" ।। 127

◎ **Then, one day :** *When the daughter became matured and it was time to marry her, Sādhu said, I promise I shall do the austerity when I find a suitable, handsome and intelligent boy ready to marry our daughter. I will do the Pūjā after the engagement. Satya Deva was listening to his third promise.*

विवाहार्थं च कन्याया वरं श्रेष्ठं विचारय ।
तेनाज्ञप्तश्च दूतोऽसौ काञ्चनं नगरं ययौ ।। 18 ।।

(तर्हि)

प्रेष्टवान्वरमन्वेष्टुं काञ्चननगरीं चरम् ।
आदिष्टवांश्च दूतं स कुलीनो वणिकस्तु सः ।।

(इसलिये)

उस कन्या की शादी करने, कांचन नगरी भेजा दूत ।
श्रेष्ठ गुणों का वर ढूँढो तुम, किसी वणिक् का सोना पूत ।। 128

◎ **Groom :** *And then, in order to find a suitable groom for Kalāvatī, the merchant sent his agent to Kānchan Nagarī to search for a business man's handsome and intelligent son ready to marry Kalāvatī.*

तस्मादेकं वणिक्पुत्रं समादायागतो हि सः ।
दृष्ट्वा तु सुन्दरं बालं वणिक्पुत्रं गुणान्वितम् ।। 19 ।।

(अतः सत्यश्रीश्चिन्तितवन्तः)

व्रतं पुत्र्या विवाहे स बुद्ध्वा करिष्यतीति हि ।
सत्यः पुनः कृपां कृत्वा दत्तवान्वरमुत्तमम् ।।

(फिर भगवान ने सोचा)

कन्या की शादी में साधु, व्रत करेगा, सोच कर ।
सत्य देव ने पुनः कृपा कर, उसे दिलाया उत्तम वर ।। 129

◎ **Satya Deva :** *Thinking that Sādhu will perform the Pūjā at the time of engagement of Kalāvatī, Lord Satya Nārāyaṇ caused a handsome and intelligent young business man to be found by the agent of Sādhu, ready for the wedding.*

(ततः केचन् दिनपश्चात्)

शोभनो वर आनीतो भद्रो दूतेन पण्यकः ।
तत्र यः कृपया लब्धः लक्ष्मीनारायणस्य हि ।।

(और फिर कुछ दिनों के बाद)

सत्य कृपा से वहाँ पर मिला, वणिक् पुत्र एक सुंदर सा ।
पण का ज्ञानी, धन का दानी, मन का जानी, चंदर सा ।। 130

ज्ञातिभिर्बन्धुभिः सार्धं परितुष्टेन चेतसा ।
दत्तवान्साधुः पुत्राय कन्यां विधिविधानतः ।। 20 ।।

दृष्ट्वा भद्रं वणिक्पुत्रं साधुः स्वीकृतवान्द्रुतम् ।
सर्वानाहूय पुत्र्याः स विवाहं कृतवाञ्शुभम् ।।

पुत्र सयाना देखके उसने, प्रसन्नता से हाँ कर दी ।
बंधुजनों को न्यौता देकर, बेटी की कर दी शादी ।। 131

◎ **The boy :** *With the kind mercy of Shrī satya Nārāyaṇ, the agent found an intelligent, charitable, wise and fine looking boy. Seeing the nice boy, the Sādhu happily accepted him for his son-in-law. He invited his relatives and friends and performed the engagement and wedding of his daughter Kalāvatī with great pomp and joy.*

ततोऽभाग्यवशात्तेन विस्मृतं व्रतमुत्तमम् ।
विवाहसमये तस्यास्तेन रुष्टोऽभवत्प्रभुः ।। 21 ।।

(तदा लीलावती पुनः पृष्टवती)

कन्या प्राप्ता, धनं प्राप्तं, जामाताऽपि च शोभनः ।
यस्यैतत्कृपया लब्धं व्रतं तस्य भवेत्कदा ।।

(तब कलावती ने फिर से पुछा)

कन्या हो गई, शादी हो गई, दमाद मिला इतना अच्छा ।
धन भी पाया, प्रभु की माया, व्रत की होगी कब इच्छा ।। 132

◎ **Then again, one day :** *Then again, after few days Sādhu's wife Līlāvatī said, "the Lord gave you a daughter, he gave you lots of wealthy, he gave you handsome son-in-law, he let the wedding take place joyfully, but you forgot to do the austerity of Shrī Satya Nārāyaṇ. Now, when will you perform the promised Pūjā?"*

(व्रतस्य पणं स्मृत्वा साधुरुवाच)

सर्वमिदं मया प्राप्तं मात्रव्रतप्रतिज्ञया ।
तर्हीदानीं व्रतं कृत्वा प्राप्तव्यं किं मयाऽधिकम् ।।

(साधु व्रत के प्रण को याद करते हुए बोला)

सब कुछ पाया विना ही व्रत के, केवल प्रण की युक्ति से ।
व्रत करके अब क्या है मिलना, प्रभु की ज्यादा भक्ति से ।। 133

◎ **sadhu :** *Merchant Sādhu said, O Līlāvatī! I got a daughter, wealth and a son-in-law just by promise of the Vrat (austerity). Now everything being finished just with promises, what is the need for performing that Pūjā? Let me earn some more wealth then, I promise, I will do the Pūjā. Satya Deva was listening to his fourth promise.*

एवमुक्त्वा तदा भार्यां प्रचुरमससान्त्वयत् ।।
सत्यप्रभुस्तु साश्चर्यं पश्यन्नासीद्वचोघ्नकम् ।।

इतना कह कर टाल गया गया था, वह वादा व्रत का फिर से ।
देख प्रभु फिर असंतुष्ट थे, वादा तोड़ू काफिर से ।। 134

◎ **Thus :** *Thus, saying so, merchant Sādhu again reneged on his promise and walked away. Now Shrī Satya Nārāyaṇ was angry with the merchant, but he decided to give one more opportunity to the promise-breaker and liar merchant.*

(कथाया एवं दृश्यं दृष्ट्वा सशंकोऽचिन्तयत्)

सशङ्कस्तु तदा मेने किंविधमागतः क्षणः ।
वचनभङ्गिने नास्ति दण्डं साकं प्रभोरपि ।।

(कथा का यह दृश्य देख कर हैरान हुए सशंक जी ने)

सशंक जी ने मन में सोचा, क्षण कितना बेचारा है ।
उस झूठे को सबक सिखाने, प्रभु को कोई न चारा है ।। 135

◎ **Sashank jī :** *Hearing the story, Sashank jī was astounded. He said to himself, "what a pitiful time has come. Even Lord Satya Nārāyaṇ has no power to punish the promise-breaker and liar merchant."*

ततः कालेननियतो निजकर्मविशारदः ।
वाणिज्यार्थं गतः शीघ्रं जामातृसहितो वणिक् ।। 22 ।।

(ततः किमभवत्)

साधुस्तत्र पुरे रम्ये-एकस्मिन् स्थितवान्गृहे ।
सार्धमासीत्स जामाता व्यापारज्ञानमर्जितुम् ।।

(बाद में क्या हुआ)

एक दिन साधु धंधा करने, दूर देश को चला गया ।
दमाद को भी काम सिखाने, अपने पण में मिला लिया ।। 136

◎ **One day :** *Thereafter, one day, the merchant went far away by boat to a distant state for doing jewelry business. He took his son-in-law with him for training him in business tricks.*

रत्नसारपुरे रम्ये गत्वा सिन्धुसमीपतः ।
वाणिज्यमकरोत्साधुर्जामात्रा श्रीमता सह ।। 23 ।।

रत्नसारे पुरे रम्ये-एकस्मिन्स गृहे स्थितः ।
सत्यस्य कृपया तेन तत्रार्जितं धनं भृशम् ।।

स्मृतः प्रभुर्न तत्रापि न च तेन कृतं व्रतम् ।
पापाचारं पुनः कृत्वा तेन च कोपितः प्रभुः ।।

रम्य नगरी रत्नसार में, साधु वणिक् ने घर लिया ।
सत्य देव की पूर्व कृपा से, धन इकट्ठा कर लिया ।। 137
हीरे मोती चाँदी सोना, अपने घर में भर लिया ।
स्मरण सत्य का फिर भी न करके, पातक सिर पर धर लिया ।। 138

◎ **At Ratnasar :** *When Sādhu reached the town of Ratnasār, he rented a house to stay there. With the power of the fourth promise and the mercy of Shrī Satya Nārāyaṇ, the merchant earned plenty of jewels, gold and wealth which he stored in the house. But, by still not remembering Lord Vishṇu, he earned lots of sin over his head.*

सत्यदेव फिर कुपित हो गए, उस वादा तोड़ू काफिर से ।

रत्नसार के चंद्रकेतु की कथा ।

5. Story of King Chandraketu

तौ गतौ नगरे रम्ये चन्द्रकेतोर्नृपस्य च ।
एतस्मिन्नेव काले तु सत्यनारायणः प्रभुः ।। 24 ।।

(अन्यत्र रत्नसारे)

राज्ञश्च रत्नसारस्य चन्द्रकेतोः महीपतेः ।
पार्श्वे पुरस्य प्रासाद आसीत्खल्वति शोभनः ।।

(उधर उसी नगरी में)

रत्नसार का महाराजा था, "चंद्रकेतु" शुभ नाम का ।
उस नगरी की दूसरी तरफ, सुंदर उसका धाम था ।। 139

◎ **King Chandraketu :** *Living in the other part of the city of Ratnasār, was the righteous king Chandraketu. His palace was big and beautiful.*

चन्द्रकेतोः पुरे पुण्ये साधुना पातकं कृतम् ।
पापिनं शप्तवान्स्तर्हि सत्यनारायणः प्रभुः ।।

चंद्रकेतु के पूज्य राज्य में, उस साधु ने पाप किया ।
प्रणपतित उस पापी वणिक को, सत्य देव ने शाप दिया ।। 140

◎ **Merchant Sādhu :** *In the holy kingdom of king Chandraketu, merchant Sādhu commited sin by breaking his promise fourth time. He earned large amount of jewelry with the mercy of Satya Deva, but forgot to do the Pūjā for him who gave him the fortune. Therefore, Shrī Satya Nārāyaṇ gave him a bad curse just to teach him such a lesson that he will never forget.*

भ्रष्टप्रतिज्ञमालोक्य शापं तस्मै प्रदत्तवान् ।
दारुणं कठिनं चास्य महदुःखं भविष्यति ।। 25 ।।

विस्मृतवान्व्रतं तस्मात्-तुभ्यं दण्डं ददाम्यहम् ।
स्मरसि चेत्करोषि तत्-तदा मुक्तिमवाप्स्यसि ।।

धन दौलत जो कमाई तूने, सब खोएगा अपने आप ।
कठिन भयानक दुःख अनेकों, तेरे तन को देंगे ताप ।। 141

◎ **Satya Deva :** *Lord Satya Nārāyaṇ said, O Sādhu! "the wealth that you have earned by making promises and with my kind grace, you will loose all and you will suffer a punishment temporarily until you repair your mistakes."*

साधोर्भाग्यं ततः शीघ्रं तथैव परिवर्तितम् ।
यथाऽऽसीत्प्रभुणा शप्तं लक्ष्मीनारायणेन हि ।।

भाग्यवश फिर हुआ वही था, वचन सत्य का असत् नहीं था ।
राज महल तो दूर कहीं था, मगर भाग्य ने लिखा यही था ।। 142

◎ **Therefore :** *Therefore, it happened as the Lord said. Even though king Chandraketu lived in other part of town, far away from Sādhu's house, Chandraketu punished the merchant as foretold by Lord Satya Nārāyaṇ.*

एकस्मिन्दिवसे राज्ञो धनमादाय तस्करः ।
तत्रैव चागतश्चौरो वणिजौ यत्र संस्थितौ ।। 26 ।।

मध्यरात्रौ महाचौराः प्राविशन्राजमंदिरम् ।
चोरयित्वा धनं तस्यागूहन्व्यापारिणो गृहे ।।

रात में इक दिन चोर घुस गये, चंद्रकेतु के भवन में ।
चोरी करके चोर छुप गये, साधु वणिक् के सदन में ।। 143

◎ **One day :** *One day at midnight, some robbers entered king Chandraketu's palace. They stole large amount of jewelry from king's chamber. Hearing the noise, the security guards chased the robbers. Seeing the guards after them, the thieves ran away to the other part of town and hurriedly hid in the house of merchant Sādhu.*

तत्पश्चाद्धावकान्दूतान्दृष्ट्वा भीतेन चेतसा ।
धनं संस्थाप्य तत्रैव स तु शीघ्रमलक्षितः ।। 27 ।।

शीघ्रमनुगतास्तत्र सदण्डा रक्षका यदा ।
भीताश्चोरा धनं तत्र त्यक्त्वा ततः पलायिताः ।।

सिपाही सैनिक डंडे लेकर, उनके पीछे निकले थे ।
उन्हें देख कर डर के मारे, चोरों ने दम निगले थे ।। 144

◎ **Then :** *When the guards closed in on the robbers, they decided to leave the loot and run away from there, through the back door.*

महार्घान्हीरकान्प्राप्य साधुरतीव हर्षितः ।
विनाव्रतमहो भाग्यं धनाढ्योऽहमचिन्तयत् ।।

ततो दूताः समायाता यत्रास्ते सज्जनो वणिक् ।
दृष्ट्वा नृपधनं तत्र बद्धवाऽऽनीतौ वणिक्सुतौ ।। 28 ।।

यदा ते रक्षका: सर्वे गृहं तस्य समागता: ।
हीरका मौक्तिका: स्वर्णं तत्र हस्तगतं खलु ।।

लेकिन क्षण में सिपाही आये, उसके घर के आगे थे ।
वणिक् सदन से हीरे मोती, हाथ में उनके लागे थे ।। 145
हीरे मोती वहीं छोड़ कर, चोर डर कर भागे थे ।
हीरे पाकर साधु समझा, नसीब उसके जागे थे ।। 146

हर्षेण धावमानाश्च प्रोचुर्नृपसमीपत: ।
तस्करौ द्वौ समानीतौ विलोक्याज्ञापय प्रभो ।। 29 ।।

साधोरपि धनं हृत्वा रक्षकास्तमपीडयन् ।
रज्ज्वा बद्ध्वा ततस्तौ ते नृपसमक्षमानयन् ।।

सिपाहियों ने धन साधु का, छीन कर छल बड़ा किया ।
फिर दोनों को डोर बाँध कर, नृप के आगे खड़ा किया ।। 147

◎ **The Guards :** *When the soldiers reached Sādhu's house, they found king's jewelry and merchant Sādhu's wealth. The police arrested Sādhu and his son-in-law, tied them with ropes and brought them in front of king Chandraketu.*

(तत: रक्षका नृपमुचु:)

चौर्यधनं भृशं प्राप्तम्-ऊचुस्ते रक्षका नृपम् ।
गृहादेतस्य प्रच्छन्नम्-आसीत्पश्यतु तद्भवान् ।।

दण्डयित्वा धनं तस्य कोशागारे च स्थापये: ।
बद्ध्वा एतौ महादुर्गे कारागारे च प्रेषताम् ।।

(फिर राजा से सिपाही बोले)

सिपाही बोले, इनके घर में, माल बहुत था भरा हुआ ।
चोरियों से धन ला ला कर, जमा सदन में करा हुआ ।। 148
धन चोरी का छीनो इसका, राजकोष में रखवा दो ।
मारो पीटो कैद में ड़ालो, फल चोरी का चखवा दो ।। 149

◎ **Then :** *The soldiers said, O King! we found all the jewels in their home. Please deposit it in the treasury and punish these two thieves.*

राज्ञाऽऽज्ञप्तास्तत: शीघ्रं दृढं बद्ध्वा तु तावुभौ ।
स्थापितौ द्वौ महादुर्गे कारागारेऽविचारत: ।। 30 ।।
मायया सत्यदेवस्य न श्रुतं कैस्तयोर्वच: ।
अतस्तयोर्धनं राज्ञा गृहीतं चन्द्रकेतुना ।। 31 ।।

(अत:)

रक्षकास्तौ ततो बद्ध्वा ताडयित्वा पुन: पुन: ।
तयोरपि धनं हृत्वा कारागारे च न्यक्षिपन् ।।

(इस लिये)

सिपाहियों ने मार पीट कर, फल चोरी का चखवाया ।
चंद्रकेतु ने बिना सोच कर, धन भी उसका रखवाया ।। 150
उन दोनों की एक न सुन कर, महादुर्ग में भेज दिया ।
"बंदीगृह में ड़ालदो इनको," हुकूम अपना तेज दिया ।। 151

◎ **Punishment :** *The soldiers thrashed Sādhu and his son-in-law with sticks and punches. The king did not listen to anything the Sādhu said. He threw them in the prison on his fort.*

(एतच्छ्रुत्वा सशंक उवाच)

एष वा कीदृशो न्याय: सशङ्को विस्मितोऽभणत् ।
अल्पाया विस्मृतेर्घोरो दण्डस्तु शक्यते कथम् ।।

(यह सुन कर सशंक जी फिर बोल पड़े)

सशंक जी ने बीच में पुछा, यह कैसा प्रभु का न्याय है ।
भूला व्रत की याद वणिक् तो, इतना क्यों अन्याय है ।। 152

◎ **Sashank jī :** *Hearing the story, Sashank jī again became restless and he interjected the story. He said, O Sūt muni! "is this not an injustice on the part of Lord satya Nārāyaṇ. Just for forgetting to keep promises, the Lord gave them such a harsh punishment. It does not appear fair."*

(तच्छ्रुत्वा क्षुब्धान् मुनी: सूत उवाच)

श्रुत्वा ततु मुनीन्मुग्धान्दृष्ट्वा सूत उवाच तान् ।
विस्मृतमस्ति क्षन्तव्यं न स्वेच्छया पुन: कृतम् ।।

या प्रतिज्ञा कृता तेन वारं वारं च स्वेच्छया ।
अवहेला तु तस्या वै मन्तव्या विस्मृति: कथम् ।।

(वह सुन कर क्षुब्ध मुनियों को सूत जी ने समझाया)

सशंक जी ने ठीक ही कहा, क्षमस्व प्रामाणिक भूल हो ।
मगर नित्य जो वादा तोड़े, उस झूठे को शूल हो ।। 153

◎ **Rishis :** *Hearing the improper words of Sashank jī, the Rishis became angry. They said, O Sūt muni! Sashank jī is insulting Lord Satya Nārāyaṇ. But Sūt muni asked them to listen to the explanation that is coming in the story further.*

(तर्हि)

यावत्स्नेहः प्रभोः स्निग्धः प्रभुस्तावद्धि कोपिनः ।
राजा क्षणेन रङ्कोस्ति रङ्कस्तावद्भवेन्नृपः ।।

(अतः)

स्नेह सत्य का जितना मीठा, क्रोध भी उतना तीखा है ।
पल में भिक्षुक राजा बनता, राजा मरता भूखा है ।। 154

◎ Sūt **muni :** *And, Sūt muni said, "Sashank ji's questions and concerns are natural. They are not insulting anyone. They are good questions. Because, the truth is that, if Sādhu had made an honest and innocent mistake, then the punishment would have been called harsh. The mistakes would have been excusable. But, Sādhu was deliberately making false promises and knowingly breaking his promises over and over, without any respect or regard for Lord Satya Nārāyaṇ. He thought it was a fun. The Lord was quite patient with him and at last he decided to punish him temporarily, just to teach him a lesson and then undo the apparent damage, as soon as Sādhu comes on the right path and becomes wise." Therefore, Sūt jī further said, "O Sashank jī! please know that as motherly and sweet Shrī Satya Nārāyaṇ's love is, so much strict his discipline and punishment are. In one moment he can make the king a pauper and a pauper the king."*

(तच्छ्रुत्वा सशङ्कः सूतमप्रच्छत्)

सशंको लज्जया ब्रूते पृष्टुमिच्छामि त्वां मुने ।
प्रश्ना मनसि ये जाता यदि हि स्वीकृतिर्भवेत् ।।

अज्ञानं च प्रमादं च सूतदेव क्षमस्व मे ।
व्रतं किं च प्रणः कश्च ज्ञातुमिच्छामि सद्गुरो ।।

प्रणस्य वा व्रतस्यास्य भंगः पापं भवेत्कथम् ।
किं व्रतमनिवार्यं वा ब्रूहि तन्मे सुनिश्चितम् ।।

(वह सुन कर सशंक जी ने कहा)

सूतदेव जी कृपा कीजिये, प्रमाद मेरा क्षमस्व हो ।
व्रत क्या होता? प्रण क्या होता? व्याख्या देकर मुझे कहो ।। 155
व्रतभंगी को, प्रणपतित को, प्रभु पाप क्यों देता है ।
व्रत के विधि का पालन करना, नियत कर्म क्यों होता है ।। 156

◎ **Sashank jī :** *Hearing the candid and true words of Shrī Sūt muni, Sashank jī felt good and he said, "O Sūt jī, please forgive me for my audacity and please clarify for me what is the difference between a promise and a Vrat (austerity)." Also, "please tell me, why Shrī Satya Nārāyaṇ gives sin and punishment to a Vrat-breaker. Why it is mandatory to obey the rules of an austerity."*

(सूत उवाच)

फलेच्छुकाः मुमुक्षवः प्रभोः कृपाभिलाषिनः ।
अंगीकुर्युर्व्रतं पुण्यं सत्यनारायणस्य हि ।।

व्रतं वै स्वेच्छया कार्यं चेद्वाञ्छिता प्रभोः कृपा ।
विधिस्तस्यानिवार्यस्तु व्रतमङ्गीकृतं यदि ।।

(सूत जी ने समझाया)

मोक्षाकांक्षी फलाभिलाषी, ईश्वरभक्ति जिन्हें वहीं ।
व्रत करते हैं स्वेच्छा से सब, वादातोडू लोग नहीं ।। 157
कोई वादा बिना हि बाधा, अंगीकारना है "प्रण" जाना ।
अनुष्ठान के नियतरूप को, स्वीकृत करना "व्रत" माना ।। 158
प्रभु की कृपा जिसे चाहिये, व्रत स्वेच्छा से वही करे ।
प्रभु के विना जिसको जीना, व्रत का प्रण वह नहीं करे ।। 159
व्रत का प्रण जो करता उसको, विधि से करना होता है ।
व्रत विधि-पूर्वक ना करनेसे, नर व्रत का फल खोता है ।। 160

◎ Sūt **muni :** *Sūt muni said, the people who desire Moksha, people who want to attain desired fruit and people who have firm faith and one-pointed devotion, only they should undertake an austerity. People who can not observe the rites of the austerity, they should not perform austerity. Undertaking an austerity is not mandatory to anyone, it is optional. But, once undertaken it must be observed according to the scriptures. Therefore, "austerity" is a voluntary promise to undertake a ritual and to observe its rites strictly. He who thinks that he can live without any help from God, he should not undertake an austerity. He who undertakes a Vrat and obeys its rules with faith, only he* *receives the desired fruit, otherwise he may incur a punishment from the Lord.*

तच्छापाच्च तयोर्गेहे भार्या चैवातिदुःखिता ।
चौरेणापहृतं सर्वं गृहे यच्च स्थितं धनम् ।। 32 ।।

(तत्र रत्नपुर्यां नगर्याम्)

लीलावतीकलावत्यौ तेन शापेन पीडिते ।
चौरैरपहृतं सर्वं गृहमागत्य लुण्ठकैः ।।

(उधर रत्नपुरी में)

लीलावती भी दुःखी हो गई, उसी शाप की शक्ति से ।
धन उनका सब चोर लेगये, घर में आकर सख्ती से ।। 161

आधिव्याधिसमायुक्ता क्षुत्पिपासातिदुःखिता ।
अन्नचिन्तापरा भूत्वा बभ्राम च गृहे गृहे ।
कलावती तु कन्याऽपि बभ्राम प्रतिवासरम् ।। 33 ।।

द्वावत्र, द्वे च तत्रापि सङ्कटे पतितास्तदा ।
आधिव्याधिसमायुक्ता दुर्भाग्येन पराजिताः ।।

दो इधर थे, दो उधर थे, दुख में सारे जकड़े थे ।
आधि व्याधि से पीड़ित होकर, भाग्य सभी के उजड़े थे ।। 162

◎ **At Ratnapurī :** *At Ratnapurī, the home town of merchant Sādhu, his wife Līlāvatī also became sad with the same curse given to Sādhu by Shrī Satya Nārāyaṇ. Her house was robbed by the thieves and she lost everything. She became a weak and sick woman.*

एकस्मिन्दिवसे याता क्षुधार्ता द्विजमन्दिरम् ।
गत्वा पश्यद् व्रतं तत्र सत्यनारायणस्य च ।। 34 ।।

(रत्नपुर्याम् कलावतेर्वृत्तम्)

दूरीकर्तुं क्षुधां तृष्णां जगाम सा गृहाद्गृहम् ।
अथैकदा गताऽऽसीत्सा विप्रद्वारं कलावती ।।

(रत्नपुरी में कलावती का वृत्त)

कलावती फिर भीख माँगती, घूमने लगी गली गली ।
इक दिन पँहुची द्विज के द्वारे, लेकर वो अपनी झोली ।। 163

◎ **Kalāvatī :** *Līlāvatī's daughter Kalāvatī began begging for alms and do house chores at neighborhood houses.*

उपविश्य कथां श्रुत्वा वरं प्रार्थितवत्यपि ।
प्रसादभक्षणं कृत्वा ययौ रात्रौ गृहं प्रति ।। 35 ।।

(एकदा)

तत्रापश्यद्व्रतं पूजां सत्यनारायणस्य सा ।
द्विजमुखात्कथां श्रुत्वा प्रसादादिमभक्षयत् ।।

(एक दिन)

द्विज के घर में उसने देखी, सत्य पूजा थी हो रही ।
वहाँ बैठ कर कथा सुनी सब, जो द्विज ने प्रेम से कही ।। 164

◎ **One day :** *One day, while begging alms in the town, Kalāvatī went to the house of a Pundit who was performing the Satya Nārāyaṇ Pūjā at that time. Witnessing the interesting Pūjā and the sweet songs, Kalāvatī joined the austerity. She took Prasād and caame home.*

माता कलावतीं कन्यां कथयामास प्रेमतः ।
पुत्रि रात्रौ स्थिता कुत्र किं ते मनसि वर्तते ।। 36 ।।

यदाऽऽगता गृहं रात्रौ आह लीलावती सुताम् ।
विलम्बोऽद्य कथं जातः किमभवच्च ब्रूहि तत् ।।

प्रसाद खाकर जब घर लौटी, रात बहुत थी हो गयी ।
माँ ने पूछा आज अचानक, देरी क्यों है तुम्हें भयी ।। 165

◎ **At her home :** *When she came home, it was late in the night. Therefore, her mother Līlāvatī asked her the reason for coming home late today.*

कन्या कलावती प्राह मातरं प्रति सत्वरम् ।
द्विजालये व्रतं मातृर्दृष्टं वाञ्छितसिद्धिदम् ।। 37 ।।

(कलावती आह)

मया सत्यव्रतं दृष्टं किं तत्कुर्यात्कथं च तत् ।
सुखं ददाति शान्तिं च पापं हरत्युवाच सा ।।

(कलावती बोली)

बेटी बोली, मैंने देखा, सत्यव्रत क्या होता है ।

जो सुख देता, मन को भाता, सब पापों को धोता है ।। 166

तच्छ्रुत्वा कन्यकावाक्यं व्रतं कर्तुं समुद्यता ।
सा मुदा तु वणिग्भार्या सत्यनारायणस्य च ।। 38 ।।

ते द्वे कृत्वा च सङ्कल्पं व्रतं कर्तुं यथाविधि ।
साधोः पणस्य सिद्धिं च पापं नाशयितुं च तत् ।।

माँ बेटी ने तभी तह किया, यथा विधि व्रत करने का ।
प्रण साधु का पूरा करके, सब पापों से तरने का ।। 167

◎ **Kalāvatī :** *Daughter Kalāvatī said, O Mother Līlāvatī! at a Pundit's home I saw what an austerity of Shrī Satya Nārāyaṇ is. The Pundit told me how to do it. And the Pundit said, "it gives you the desired fruit and removes all obstacles and sins. It gives happiness and it is pleasing to the mind and soul." Hearing this, the mother decided to perform the austerity at their home and fulfill the promise of her husband Sādhu. Kalāvatī said, O Mother! if we do the Pūjā, it may even remove the sins of the father and repair his broken promises.*

माँ बेटी ने सत्य पूजा की भक्ति से ।

व्रतं चक्रे सैव साध्वी बंधुभिः स्वजनै सह ।
भर्तृजामातरौ क्षिप्रमागच्छेतां स्वमाश्रमम् ।। 39 ।।

(ततः)

यथा सङ्कल्पितं तस्मात्-यथाशक्यं यथाविधि ।
कृतवत्यौ कथापाठं सत्यनारायणस्य ते ।।

(उसके पश्चात्)

माँ बेटी ने प्रण करके फिर, सत्य पूजा की भक्ति से ।
बंधुजनों को साथ मिला कर, किया व्रत यथा शक्ति से ।। 168

◎ **Then :** *Deciding thus, Līlāvatī and Kalāvatī performed the Vrat of Shrī Satya Nārāyaṇ together with their friends and relatives., as they could afford. They performed the Pūjā according to the rituals prescribed by the scriptures.*

अपराधं च मे भर्तुर्जामातुः क्षन्तुमर्हसि ।
व्रतेनानेन तुष्टोऽसौ सत्यनारायणः पुनः ।। 40 ।।

आवयोर्हि पती शीघ्रम्-आगच्छेतां गृहं प्रभो ।
माताकन्ये सविश्वासम्-अयाचतां वरं प्रभुम् ।।

अपराधाश्च साधोस्ते क्षन्तव्या हे दयानिधे ।
क्षमस्व तस्य मिथ्याऽऽख्याम्-अयाचतां मुहुर्मुहुः ।।

वर माँगे फिर सत्य देव से, माँ-बेटी ने यथा विधि ।
पति हमारे जलदी लौटें, कृपा कीजिये दयानिधि ।। 169
क्षमा करो प्रभु! अपराधों की, जो कीन्हे हैं स्वामी ने ।
वादे तोडे, मुख हैं मोड़े, अज्ञानी खलकामी ने ।। 170

◎ **Prayer :** *Līlāvatī and Kalāvatī prayed to Shrī Satya Nārāyaṇ, O Lord! please remove the sins of Sādhu. May he come home with his son-in-law safely and happily.*

प्रार्थयतात्र जामाता प्रार्थयेतां च तत्र ते ।
साधाववकृपां विष्णोः जानाति स्म जनत्रयम् ।।

उधर सत्य की प्रार्थना की, बेटी ने और माता ने ।
इधर सत्य की विनती की थी, रात दिन जामाता ने ।। 171

◎ **Son-in-law :** *Here at Ratnapurī mother and daughter were praying to Satya Deva and there at Ratnasār, the son-in-law was praying day and night for forgiveness of sins of Sādhu.*

5. Story of King Chandraketu

सत्य प्रभु की प्रार्थना करी, बेटी ने और माता ने ।

(तदा)

स्व्यकरोद्याचनां प्रभुः-भक्तानां रक्षकोस्ति यः ।
तुष्टोऽभवदसौ देवो लक्ष्मीनारायणस्तदा ।।

(फिर)

उसकी प्रार्थना सुनी सत्य ने, भक्तों के रखवाले हैं ।
प्रसन्न थे श्री सत्यनारायण, बहुत बड़े दिलवाले हैं ।। 172

◎ **Satya Nārāyaṇ :** *Lord satya Nārāyaṇ heard the prayers of Līlāvatī, Kalāvatī and the son-in-law. Lord Satya Deva was pleased. He is the protector of his devotees.*

मायामया प्रभोर्दृष्टिः स्नेहस्तस्यां हि मिश्रितः ।
लीलैव वामहस्तस्य नृपस्य परिवर्तनम् ।।

प्रभु की माया जादू से भरी, उसमें स्नेह का मेल है ।
भक्त के लिये नृप को झुकाना, बाँये हाथ का खेल है ।। 173

◎ **Magic :** *The grace of Satya Deva is magical. It is mixed with love. The Lord has no problem bringing king Chandraketu to his knees.*

दर्शयामास स्वप्नं हि चन्द्रकेतुं नृपोत्तमम् ।
वन्दिनौ मोचय प्रातर्वणिजौ नृपसत्तम ।। 41 ।।

भक्तार्थाय गतो देवः चन्द्रकेतोः स चेतसि ।
अर्धरात्रौ नृपं स्वप्ने क्षणार्धे तमुवाच हि ।।

भक्त के लिये सत्य देव जी, चंद्रकेतु के आये मन में ।
मध्य रात सपने में आकर, बतलाया उसको क्षण में ।। 174

◎ **Thus :** *For the reason of making his devotees happy, Satya Deva appeared before king Chandraketu in his dreams and gave him strict orders.*

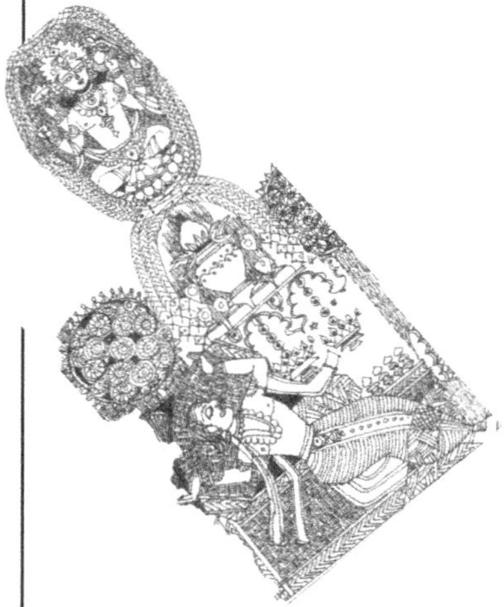

आधी रात में सपने में आकर, चले गए नृप के मन में ।

दण्ड धन च तत्सर्वं गृहीतं यत्त्वयाऽधुना ।
नो चेत्त्वां नाशयिष्यामि सराज्यधनपुत्रकम् ।। 42 ।।

नृपमाज्ञापयत्सत्यो ममाज्ञाऽस्ति तथा कुरु ।
कारायां तव मे भक्तौ यतो मूढमतिर्भवान् ।।

नृप से बोले करो वही तुम, जो मैंने फरमाया है ।
भगत मेरे तू कैद किये हैं, क्योंकी तू भरमाया है ।। 175

◎ **Orders :** *The Lord told the king to obey his orders. Satya Deva said, "O king! you have made a mistake. You have imprisoned two of my devotees."*

भक्तौ मे चेन्न मुञ्चेस्त्वं पुत्रैः सह मरिष्यसि ।
धनमपि तयोर्देहि नो चेद्दुःखमवाप्स्यसि ।।

उन दोनों को छोड़ा नहीं तो, सपुत्र तू मर जाएगा ।
धन भी उनका दे दो वरना, बहुत कष्ट तू पाएगा ।। 176

◎ **And :** *"Release them from your prison tomorrow and return their wealth that you have confiscated, otherwise you will suffer untold losses and pains. You will die along with your son."*

नाशयामि च दुःखानि तयोः त्वं यानि दत्तवान् ।
धनं तौ द्विगुणं देहि येन धन्यो भविष्यसि ।।

कष्ट मैं उनके सब हर लूँगा, दिये जो तूने भूल से ।
धन अपना तू साथ जोड़ दे, दुगुना उनके मूल से ।। 177

◎ **In addition :** *The Lord said, "in addition, pay them double the amount than their own wealth, as compensation. I will undo all the pains that you have given them. They will forget all the suffering."*

मुक्त्वैतौ धरतात्तं यो जग्राहैतौ भ्रमात्खलु ।
चौरं वास्तविकं त्यक्त्वा साधुमदण्डयत्तदा ।।

पकड़ो उस अधिकारी को तुम, जिसने इनको पकड़ा था ।
असली चोर को छोड़ के जिसने, डोर में इनको जकड़ा था ।। 178

◎ **And :** *"And you must punish those police officers who let the real thieves go and arrested these two innocent devotees of mine."*

न धनमेतयोश्चौर्यं दत्तमासीन्मया हि प्राक् ।
मत्कृपया पणं कृत्वा संग्रहितं गृहे तदा ।।

धन इनका नहीं चोरी का था, मैंने सारा दिया हुआ ।
मेरे वर से धंधा करके, जमा था घर में किया हुआ ।। 179

◎ **And :** *And, satya Deva told him that, "their wealth was not a stolen property, but I had given them the wealth in return for the promises merchant Sādhu made. That wealth was stored in their house."*

(साधौ नारायणस्य मातृवत् वात्सल्यं दृष्ट्वा सशंकः)

तं प्रणपतितं सोढ्वा वचनभङ्गिनं प्रभोः ।
सशङ्को मातृवत्स्नेहं दृष्टा मुग्धोऽभवत्तदा ।।

(साधु पर श्री-सत्यनारायण की असीम वत्सलता देख कर)

वादातोड़ू साधु पर भी, देख प्रभु का इतना प्यार ।
सशंक जी तो अचरज में थे, उतर गया था मन का भार ।। 180

◎ **Sashank jī :** *Hearing the story, Sashank jī was amazed. He was overwhelmed to see the immense love of Shrī Satya Nārāyaṇ on his devotee even when he broke his promises again and again. Sashank jī was surprised and pleased.*

चिन्तयति सशङ्कः स्म प्रभोः कोपः कटुर्बहुः ।
इदानींस्तु स जानाति खद्योतस्याग्निरेव सः ।।

वे समझे थे सत्य प्रभु का, क्रोध कितना घोर है ।
अब वे बूझे रोष प्रभु का, "कच्चे धागे की डोर है" ।। 181

◎ **Now :** *Now Sashank jī understood, that the anger of Lord satya Nārāyaṇ is only an outwardly show to teach a lesson to the transgressor devotee. From inside, the Lord is kinder than a mother.*

(ततो भीतो राजोवाच प्रभुम्)

आह नृपो नमस्कृत्य मायैषा भवतः प्रभो ।
गृह्णाम्यहं कथं तौ वा प्रभो रक्षति यौ भवान् ।।

(फिर डरा हुआ राजा बोला)

हाथ जोड़ कर राजा बोला, प्रभु जी आपकी माया है ।
उनको मैं कैसे रखूँ, जिन्हें आपकी छाया है ।। 182

◎ **King Chandrakutu :** *King Chandraketu bowed his head and said, "O Lord Satya Nārāyaṇ! it is your kind grace that you came into my dreams. How can I keep them in prison who are your dear devotees."*

एवमाभाष्य राजानं ध्यानगम्योऽभवत्प्रभुः ।
ततः प्रभातसमये राजा च स्वजनैः सह ।। 43 ।।

चन्द्रकेतोर्वचच्छ्रुत्वा प्रभुरगोचरोऽभवत् ।
सत्यमस्ति नृपो धन्यो यं गोचरोभवत्प्रभुः ।।

चंद्रकेतु का वादा सुन कर, सत्य अगोचर होगये ।
चंद्रकेतु नृप धन्य है जिसको, प्रभु जी गोचर होगये ।। 183

◎ **Lord :** *Hearing the promise made by king Chandraketu, Shrī Satya Nārāyaṇ* *disappeared. Truly, Chandraketu is a blessed soul. He got to see the Lord.*

उपविश्य सभामध्ये प्राह स्वप्नं जनं प्रति ।
बद्धौ महाजनौ शीघ्रं मोचय द्वौ वणिक्सुतौ ।। 44।।

अभणत्स यथा देवं राजा मुमोच तौ प्रगे ।
प्रत्यपद्यन्धनं साधोः द्विगुणमधिकं ददौ ।।

दिन निकलते उस राजा ने, उन दोनों को छोड़ दिया ।
धन भी उनका वापस देकर, दुगुना उसको जोड़ दिया ।। 184

◎ **Next day :** *Next day early in the morning the king released both prisoners. He gave their jewels and wealth back and gave twice as much in addition as compensation for his mistake.*

धन उनका सब वापस दे कर, दुगुना उसको जोड़ दिया ।

इति राज्ञो वचः श्रुत्वा मोचयित्वा महाजनौ ।
समानीय नृपस्याग्रे प्राहुस्ते विनयान्विताः ।। 45।।
आनीतौ द्वौ वणिक्पुत्रौ मुक्तौ निगडबंधनात् ।
ततो महाजनौ नत्वा चंद्रकेतुं नृपोत्तमम् ।। 46।।
स्मरन्तौ पूर्ववृत्तान्तं नोचतुर्भयविह्वलौ ।
राजा वणिक्सुतौ वीक्ष्य वचः प्रोवाच सादरम् ।। 47।।
दैवात्प्राप्तं महद्दुःखमिदानीं नास्ति वै भयम् ।
तदा निगडसंत्यागं क्षौरकर्माद्यकारयत् ।। 48।।

वस्त्रालङ्कारकं दत्त्वा परितोष्य नृपश्च तौ ।
पुरस्कृत्य वणिक्पुत्रौ वचसाऽतोषयद्भृशम् ।। 49।।
पुरानीतं तु यद्द्रव्यं द्विगुणीकृत्य दत्तवान् ।
प्रोवाच तं ततो राजा गच्छ साधो निजाश्रमम् ।। 50।।
राजानं प्रणिपत्याह गंतव्यं त्वत्प्रसादतः ।
इत्युक्त्वा तौ महावैश्यौ जग्मतुः स्वगृहं प्रति ।। 51।।

द्वौ तौ प्रथमं नत्वा सत्यनारायणं प्रभुम् ।
धन्यमुक्त्वा ततो राजं रत्नपुरीं कृतौ गमम् ।।

उन दोनों ने सबसे पहले, सत्य देव को किया प्रणाम ।
फिर राजा से विदाई लेकर, रत्नपुरी को किया प्रयाण ।। 185

◎ **Sādhu :** *Being released from the prison, Sādhu bowed his head to Satya Deva, His son-in-law did the same. As soon as they bowed their heads, their pains and wounds vanished. They thanked Satya Deva for his kind grace up on them. Then they said good bye to king Chandraketu and left with their wealth for Ratnapurī.*

(अत्र नैमिषारण्ये)

सशङ्कोऽचिन्तयद्भूय एतत्किं शक्यते किल ।
व्रतस्य सुफलं पत्न्याः पतिपुत्रौ लभेत वै ।।

(इधर नैमिष अरण्य में)

सशंक जी को हुआ अचंभा, क्या यह कभी हो सकता है ।
कलावती के व्रत के फल को, पिता और पति चखता है ।। 186

◎ **Sashank jī :** *With a great surprise Sashank jī said, "O Sūt jī, I am so happy to know that Shrī satya Nārāyaṇ is so great that the sweet fruit of the austerity performed by wife and daughter could be enjoyed by Sādhu. The Lord is Great!"*

इति श्रीस्कन्दपुराणस्य रेवाखण्डात् श्री-सत्यनारायण-व्रत-कथाया रत्नाकर-रचितः
ससंगीतः सचित्रः सटीकः सविस्तरः तृतीयोऽध्यायः ।

◎ **Thus :** *Thus concludes the Third Chapter of the new musical story of the austerity of Shrī Satya Nārāyaṇ, as narrated in the Revā Khaṇḍ of the Skand Purāṇ, with detailed explanation, illustrations and answers to your questions and doubts.*

5. Story of King Chandraketu

चंद्रकnतु का वादा सुन कर, सत्य अगोचर हो गए । चंद्रकnतु नृप धन्य है जिसको, प्रभु जी गोचर हो गए ।।

अध्याय चौथा

रत्नपुरी के साधु वणिक् की कथा ।

CHAPTER 4

6. Story of the Merchant of Ratnapurī

यात्रां तु कृतवान्साधुर्मङ्गलायनपूर्विकाम् ।
ब्राह्मणेभ्यो धनं दत्त्वा तदा तु नगरं ययौ ।। 1 ।।

(सूतो वदनस्ति)

वीत्तं सर्वं गृहित्वा तत्-निर्गतौ तौ गृहं प्रति ।
भीत आसीत्तदा साधुः बहुमूल्यं धनं नयन् ।।

(सूत जी कह रहे हैं)

हीरे मोती सोना पैसा, लेकर साधु चल पड़ा ।
वित्त पास था बहुत इसलिये, उसके मन था डर बड़ा ।। 187

◎ Sūt **muni is speaking :** *Sūt jī said, thus Sādhu and his son-in-law left by boat Ratnasār to go to Ratnapurī. They had a large amount of jewels, gold and cash and therefore they were worried about its safety from strangers.*

अधस्तृणस्य नौकायां सर्वं स्थापितवान्धनम ।
धनस्य तु गुरुत्वान्नौः तदाऽमज्जज्जले खलु ।।

धन नौका में रख कर उसको, ढ़का घास कतवार से ।
जल में नाव बहुत डूबी थी, धन के ज्यादा भार से ।। 188

◎ **The boat :** *Sādhu and his son-in-law hid the wealth at the bottom of the boat and covered it with dry grass and tree leaves. But, due to the excessive weight of the jewels and gold, the boat sank significantly in the river water.*

कियद्दूरे गते साधौ सत्यनारायणः प्रभुः ।
जिज्ञासां कृतवान्साधो किमस्ति तव नौस्थितम् ।। 2 ।।

एको दण्डी नदीतीरे तिष्ठन्नासीदकारणम् ।
नौकां दृष्ट्वा निमग्नां तां शीघ्रं नौनिकटं ययौ ।।

नदी किनारे एक दण्डी था, डंडा लेकर हाथ में ।
काफी डूबी नाव देख कर, खड़ा होगया साथ में ।। 189

◎ **Danṇḍī :** *As they rode the boat to move ahead towards Ratnapurī, a Danṇḍī (a person with a stick in his hand) appeared near their boat. Seeing the boat significantly sunk in the water, the Danṇḍī stood close to the boat.*

ततो महाजनौ मत्तौ हेलया च प्रहस्य वै ।
कस्मात्पृच्छसि भो दण्डिन्मुद्रां नेतुं किमिच्छसि ।। 3 ।।

सज्जनावाह दण्डी तौ किमस्ति नावि भारवत् ।
तृणमेवास्ति नौकायां साधुरुवाच दण्डिनम् ।।

बोला, भाई! नौका में क्या, सामग्री है भरी हुई ।
साधु बोला, "कुछ नहीं भैया! घास भरी है मरी हुई" ।। 190

◎ **And :** *The Danṇḍī said to Sādhu, O Merchant! what stuff are you carrying in your boat. Sādhu angrily said, "it is nothing. It is just dry grass and tree leaves."*

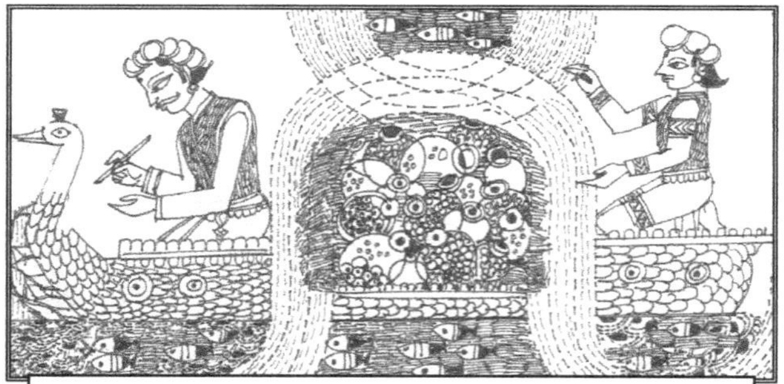

साधु बोला कुछ नहीं भैया, घास भरी है मरी हुई ।

लतापत्रादिकं चैव वर्तते तरणौ मम ।
निष्ठुरं च वचः श्रुत्वा सत्यं भवतु ते वचः ।। 4 ।।

"तथास्तु भोः" च दण्ड्याह यथाऽस्ति भवतो वचः ।
न प्रकाशितवान्तौ स सत्यदेवो ह्यहं खलु ।।

दण्डी बोला "तथास्तु भगवन्," जैसा आपका कहना है ।
बताया नहीं सत्यदेव हूँ, भेस दण्डी का पहना है ।। 191

◎ **Danṇḍī :** *hearing the dishonest reply from the merchant, the Danṇḍī said, "so it be."*

The Dannḍī did not reveal that he is Lord Satya Nārāyaṇ. in the disguise of a Dannḍī.

(ततः)

क्रोधेनाह वणिक्पुत्रः किं वा हेतुस्तवास्ति भोः ।
कथं पृच्छसि त्वं दण्डिन्-धनं हर्तुं किमिच्छसि ।।

(फिर)

वणिक् पुत्र फिर रिस में बोला, विचार क्या है आपका ।
धन हमारा ले जाने का, मतलब है क्या पाप का ।। 192

◎ **Son-in-law :** *Hearing Dannḍī's words, the son-in-law also got angry. He said, "O Dannḍī! why are you asking about our wealth. Are you trying to steal it from us?"*

अन्यत्कुत्रापि गच्छ त्वं याच भिक्षां म्रियस्व वा ।
कृत्वा वा कस्यचित्सेवामुदरपूरणं कुरु ।।

फूटो यहाँ से और कहीं तुम, सेवा करके पेट भरो ।
वरना माँगो भख कहीं तुम, या फिर भूखे पेट मरो ।। 193

◎ **And then :** *Then with disgust he said, O Dannḍī!" why don't you go somewhere else and find a job or die hungry."*

एवमुक्त्वा गतः शीघ्रं दण्डी तस्य समीपतः ।
कियद्दूरे ततो गत्वा स्थितः सिन्धुसमीपतः ।। 5 ।।

श्रुत्वा तान्कटुन्शब्दान्स दण्डी तु निर्गतस्ततः ।
दण्ड्यदृष्टो यथा जातः तावत्साधोर्धनं गतम् ।।

कटु शब्दों को सुन कर दण्डी, पल भर में ही गुप्त हुआ ।
साथ साथ ही धन साधु का, नौका में से लुप्त हुआ ।। 194

◎ **Dannḍī :** *Hearing the bitter words from Sādhu and his son-in-law, Dannḍī disappeared from there. And then, as the Dannḍī disappeared so did the wealth of Sādhu from the boat.*

(अनुप्रासेन रत्नाकर उवाच तस्मात्)

सह सर्वैः सदा स्नैग्ध्यं सम्यक्सिध्यति साधनाम् ।
को जानाति कथं किंवा कदाऽऽगच्छति केशवः ।।

कदा किं कस्य कोऽवैति कालः कालेन क्राम्यति ।
पतति पृथिवीपालः पलेषु पामरः पतिः ।।

(अतः, रत्नाकर कहते हैं)

सदा प्यार सब पर बरसाना, उपाय अच्छा जाना है ।
पता नहीं कब प्रभु ने आना, भेस कौनसा पाना है ।। 195
किस पल क्या हो, किसने जाना, नसीब पल में फिरता है ।
क्षण में नीचा ऊपर उठता, ऊपर वाला गिरता है ।। 196

(अर्थात्)

पल पल में ही भाग्य बदलता, पता नहीं किस पल में है ।
नीचा उठता ऊँचा पल में, पल में छत का तल में है ।। 197

◎ **Ratnākar :** *Learning a lesson from this story, Ratnākar says, always shower love on everyone. This is the best way. You never know "in what form the Lord may appear before you." It may be just when you do not expect. "Who know what will happen to whom and when. In one moment the destiny changes." The one at the top falls down to the bottom and the one at the bottom rises to the top in a flash. The fate alters in no time. The best way is to be good with everyone all the time, without getting caught by a surprise.*

गते दण्डिनि साधुश्च कृतनित्यक्रियस्तदा ।
उत्थितां तरणिं दृष्ट्वा विस्मयं परमं ययौ ।। 6 ।।

(ततः)

भारेणाधोगताऽऽसीद्या नौका प्लुताऽभवज्जले ।
नौकां प्लुतां गतां दृष्ट्वा साधुर्भीतस्तदाऽभवत् ।।

(उसके बाद)

धन के भार से जो डूबी थी, नौका उभरी अब जल में ।
जल में उभरी नाव देख कर, साधु डर गया उस पल में ।। 198

◎ **The boat :** *The boat that was sunk quite a bit in the water due to the load of gold, now rose up as the wealth disappeared. Seeing the boot raised on water surface, Dannḍī got scared.*

दृष्ट्वा लतादिकं चैव मूर्च्छितो न्यपतद् भुवि ।
लब्धसंज्ञो वणिक्पुत्रस्ततश्चिन्तान्वितोऽभवत् ।। 7 ।।

यदा साधुर्धनस्थाने तृणं नावि हि दृष्टवान् ।

तथास्तुभणमानः स दण्डी दृष्टो न वै तदा ।।

जब साधु को धन के स्थान में, नाव में मरी घास मिली ।

"तथास्तु" वाले दण्डी की शकल, वहाँ कहीं ना पास मिली ।। 199

◎ **Sādhu :** *Sādhu quickly checked at the bottom of the boat and he was shocked to see all the wealth disappeared. Only dry grass and tree leaves were in its place. Dannḍī also had become vanished from there.*

संक्षुब्धो मूर्च्छितः साधुः नौकायां पतितोऽभवत् ।
संशुद्धिं स पुनः प्राप्य क्रन्दितवान्मुहुर्मुहुः ।।

हक्का बक्का मूर्च्छा खाकर, नाव में साधु गिर पड़ा ।

थोड़ी देर में होश में आकर, साधु रोया फिर बड़ा ।। 200

◎ **And :** *Seeing that the wealth is gone, Sādhu fainted and fell. Whe his son-in-law sprinkled water on his face, Sādhu woke up and cried like a baby.*

तदा तु दुहितुः कान्तो वचनं चेदमब्रवीत् ।
किमर्थं क्रियते शोकः शापो दत्तश्च दण्डिना ।। 8 ।।

पुत्रः साधुं ततः प्राह दैवमेतस्य नाम भोः ।
तथास्तु गदमानस्यैतत्कर्म दण्डिनः खलु ।।

वणिक् पुत्र ने उसे बताया, होनी इसी का नाम है ।

अपमानित उस तथास्तु वाले, दण्डी का ये काम है ।। 201

◎ **Son-in-law :** *The son-in-law counseled Sādhu and said, O Father! let us quickly search for the Dannḍī. I think, this magic is being played by him.*

शक्यते तेन सर्वं हि कर्तुञ्चात्र न संशयः ।
अतस्तच्छरणं यामो वाञ्छितार्थो भविष्यति ।। 9 ।।

धनमदृश्यकुर्वाणं गच्छान्वेषय दण्डिनम् ।
गत्वा शरणमन्विच्छ दण्डिनमपमानितम् ।।

उसको ढूँढ़ो माफी माँगो, जलदी जाकर उसके पास ।

चरणन छूकर, विनम्र होकर, बन जाओ तुम उसके दास ।। 202

◎ **And :** *Let us find the Dannḍī and ask him for forgiveness with humble heart and sweet words. We should have treated him with respect in the first place.*

जामातुर्वचनं श्रुत्वा तत्सकाशं गतस्तदा ।
दृष्ट्वा च दण्डिनं भक्त्या नत्वा प्रोवाच सादरम् ।। 10 ।।

पुत्रस्य कथनं श्रुत्वा तं दण्डिनं स लब्धवान् ।
दयां कुरुष्व स्वामिन्मे नत्वा दण्डिनमाह सः ।।

बात पुत्र की सुन कर साधो, उस दण्डी के पास गया ।

बोला, "कृपया क्षमा कीजिये, प्रभु जी! हम पर करो दया" ।। 203

◎ **Sādhu :** *Sādhu listened to his son and went and found the Dannḍī. Sādhu said, "O Dannḍī! please forgive us for our arrogance."*

गर्वितोऽहमहं पापी मूढश्चाहं न ज्ञातवान् ।
दण्डिरूपो भवानस्ति सत्यनारायणः प्रभुः ।।

भूल हुई है भगवन् हमसे, हम दोनों ही घमण्डी हैं ।

आप दयालु सत्य देव हैं, असत् भेस में दण्डी हैं ।। 204

◎ **And :** *And he said, "O Lord! it was our silly mistake. We both were proud of our wealth and good fortune which Satya Deva gave us. O Lord! we now believe you are the Satya Nārāyaṇ disguised as a Dannḍī."*

क्षमस्व चापराधं मे यदुक्तं तव सन्निधौ ।
एवं पुनः पुनर्नत्वा महाशोकाकुलोऽभवत् ।। 11 ।।

क्षमस्व चापराधं मे भ्रान्ताऽस्ति मे मतिः प्रभुः ।
न वेद्मि न विदुर्देवा तव मायां दुरत्ययाम् ।।

बोला, "स्वामी! मैं मूरख हूँ, मन मेरा भरमाया है ।

देव न दानव जाने तेरी, अगम्य प्रभु ये माया है" ।। 205

◎ **And :** *and he said, "O Master! I am a foolish person. I am deluded. O Lord! your grace is divine. Neither we humans nor the Gods understand it fully well."*

एवमुक्त्वा प्रभुं साधुः स प्रणिपतितोऽभवत् ।
साधुरुर्दंश्च क्रन्दञ्च शरणं गतवान्प्रभो ।।

इतना कह कर साधु गिर गया, दण्डी के शुभ चरण में ।

वंदन करता क्रंदन करता, आया प्रभु की शरण में ।। 206

◎ **And :** *saying so to Lord Satya Nārāyaṇ, Sādhu fell at the feet of Satya Nārāyaṇ. Sādhu was crying and begging pardon.*

दण्डी को ढूँढ़ो माफी माँगो, शीघ्र जा कर उसके पास । चरणन छू कर, विनम्र बन कर, हो जाओ तुम उसके दास ।।

प्रोवाच वचनं दण्डी विलपन्तं विलोक्य च ।
मा रोदीः शृणु मद्वाक्यं मम पूजाबहिर्मुखः ।। 12 ।।
ममाज्ञया च दुर्बुद्धे लब्धं दुःखं मुहुर्मुहुः ।
तच्छ्रुत्वाभगवद्वाक्यं स्तुतिं कर्तुं समुद्यतः ।। 13 ।।

(तदा दण्ड्युवाच)

दयालुर्भगवांस्तं च ब्रूते मा रोदनं कुरु ।
पूर्णं कर्तुं प्रणं स्वस्य प्रतिज्ञातं व्रतं कुरु ।।

(फिर दण्डी ने कहा)

दयालु भगवन् उसको बोले, रोना धोना मत करो ।
वादा अपना पूरा करने, सत्य देव का व्रत करो ।। 207

◎ **Dannḍī :** *Hearing the honest words of Sādhu, the merciful Lord said, "O Sādhu! now stop crying. You have repented enough. Now fulfill your promise and do the Pūjā and become free from your sins. Everything will become alright."*

त्वन्मायामोहिताः सर्वे ब्रह्माद्यास्त्रिदिवौकसः ।
न जानन्ति गुणान् रूपं तवाश्चर्यमिदं प्रभो ।। 14 ।।
मूढोऽहं त्वां कथं जाने मोहितस्तव मायया ।
प्रसीद पूजयिष्यामि यथाविभवविस्तरैः ।। 15 ।।
पुरा वित्तं च तत्सर्वं त्राहि मां शरणागतम् ।
श्रुत्वा भक्तियुतं वाक्यं परितुष्टो जनार्दनः ।। 16 ।।

(अनन्तरं तदा)

एवमुक्त्वाऽभवत्सत्योऽसौ दृष्ट्यगोचरस्ततः ।
साधुस्ततोऽकरोत्तत्र सत्यव्रतं नदीतटे ।।

(उसके अनंतर)

इतना कह कर सत्य हो गये, दृष्टि अगोचर फिर हट कर ।
साधु वणिक् ने यथा विधि से, सत्यव्रत किया उस तट पर ।। 208

◎ **And :** *Saying so, the Dannḍī disappeared. As the Lord said, Sādhu performed the austerity of Shrī Satya Nārāyaṇ at the bank of the river.*

वरं च वाञ्छितं दत्त्वा तत्रैवान्तर्दधे हरिः ।
ततो नावं समारुह्य दृष्ट्वा वित्तप्रपूरिताम् ।। 17 ।।
कृपया सत्यदेवस्य सफलं वाञ्छितं मम ।
इत्युक्त्वा स्वजनैः सार्धं पूजां कृत्वा यथाविधि ।। 18 ।।

व्रतं कृत्वा यदा पुत्रः सभयं नावमागतः ।
अधस्तृणस्य नौकायां पूर्ववद्दृष्टवान्धनम् ।।

व्रत करके जब वणिक् पुत्र फिर, आया नौ पर डरा हुआ ।
देखा उसने धन है नाव में, घास के नीचे भरा हुआ ।। 209

◎ **Surprise :** *After the Pūjā, when the Son-in-law came to the boat, he saw it was not sunk in the water and the wealth at the bottom of the boat was all intact.*

हर्षेण चाभवत्पूर्णः सत्यदेवप्रसादतः ।
नावं संयोज्य यत्नेन स्वदेशगमनं कृतम् ।। 19 ।।

(ततः)

वार्तां धनस्य जामातुः श्रुत्वा साधुः स हर्षितः ।
अचालयत्पुनः नौकां स्मारं स्मारं प्रभुंस्ततः ।।

(फिर)

सुना साधु ने जभी पुत्र से, हर्षित होकर नाव चढ़ा ।
नाम सत्य का गाते गाते, रत्नपुरी की ओर बढ़ा ।। 210

◎ **Sādhu :** *Hearing the good news for his son, Sādhu became very happy. He came to the boat and started his journey to Ratnapurī. He was singing songs of Shrī satya Nārāyaṇ.*

गीत 24 : राग रत्नाकर, कहरवा ताल 8 मात्रा

(नारायण नारायण)

स्थायी

बोलो नारायण श्री, कृष्ण प्रभु को, हरि हरि! ।
प्रसाद खा लो, तीरथ पी लो, आरती गा लो घड़ी घड़ी ।।
♫ रे-ग- म-म-पप प-, ध-प मग- म-, पध- पध-! ।

6. Story of the Merchant of Ratnapurī

सांनि-ध प-ध-, नि-धप म- प-, म-गरे ग- म- पध- पम- ।।

अंतरा-1

पूजा पाठ को ध्यान से करना, रीत प्रभु की बड़ी कड़ी ।

बंधु भाई सत् जन सारे, साथ स्नेह की लड़ी लड़ी ।।

♬ रे-ग म-म म- प-म ग रेगम-, ध-प मग- म- पध- पध- ।

ध-प म-प- धध पम ग-रे-, म-ग रे-ग म- पध- पम- ।।

अंतरा-2

व्रत पूजा का फल है मीठा, किस्मत करता हरी भरी ।

निश दिन बोलो लक्ष्मी नारायण, गाँठ खुलेगी अड़ी अड़ी ।।

अंतरा-3

पाप जला लो, पुण्य कमा लो, जप में जादू खरी खरी ।

यज्ञ मना लो, भाग्य जगा लो, बरसे अमृत झड़ी झड़ी ।।

अंतरा-4

नारायण का नाम सिमर ले, आवन जावन खड़ी खड़ी ।

कृष्ण प्रभु का नाम ले रसना, मुख में निठल्ली पड़ी पड़ी ।।

◎ **Nārāyaṇ (Vishṇu) :** ***Sthāyī*** *: Chant Nārāyaṇ! Nārāyaṇ! and say, victory to Shrī Satya Nārāyan Hari! Take the Prasād and Tīrath and sing Hari's Bhajans again and again.* ***Antarā : 1.*** *Do the worship from your heart. The rules of the Lord are strict. Come together, O brothers and friends! let's enjoy the loving moment.* ***2.*** *The worship and austerity will give you sweet fruits and shine your luck. Chant Lakshmī-Nārāyaṇ! day and night. Your obstacles will disappear.* ***3.*** *Burn your sins, earn the merits, the name has such a magic. Do austerities, shine your luck, amrit (divine nectar) will shower on you.* ***4.*** *Remember Nārāyaṇ's (Vishṇu's) name, while coming and going every moment. O My tongue! chant Hari Om! Hari Om! while lying idle in the mouth.*

(तत्पश्चात्)

कृत्वा च दीर्घयात्रां स रत्नपुरीं यदाऽऽगता ।

नौकागारेऽतिसम्मर्द आसीत्तस्मिन्दिने तदा ।।

(फिर)

लंबी यात्रा करके नौका, रत्नपुरी के निकट थी ।

नाव किनारे लगी अड्डे पर, भीड़ जहाँ पर विकट थी ।। 211

◎ **At Ratnapurī :** *Having traveled a long distance, the boat reached at the shore of Ratnapurī. Sādhu stopped the boat away from the shore. He parked the boat away from the shore, as there were too many people on the beach and Sādhu was worried about the safety of his jewels.*

साधुर्जामातरं प्राह पश्य रत्नपुरीं मम ।

दूतं च प्रेषयामास निजवित्तस्य रक्षकम् ।। 20 ।।

प्राप्य नौकाशयं साधुः गृहं गच्छाह सेवकम् ।

ततः शीघ्रं च पत्नीं मे त्वमानय च कन्यकाम् ।।

नाव उतर कर इक सेवक से, साधु बोला, "घर जाओ ।

लीलावती और कलावती को, नदिया के तट पर लाओ" ।। 212

◎ **Sādhu :** *Leaving the boat with his son, Sādhu came to the shore and hired a servant. He dispatched the servant to give a message to his wife Līlāvatī about his arrival at the shore. As he was carrying large amount of wealth, Sādhu asked her to come there soon.*

ततोऽसौ नगरं गत्वा साघुभार्यां विलाक्य च ।

प्रोवाच वाञ्छितं वाक्यं नत्वा बद्धाञ्जलिस्तदा ।। 21 ।।

निकटे नगरस्यैव जामात्रा सहितो वणिक् ।

आगतो बन्धुवर्गैश्च वित्तैश्च बहुभिर्युतः ।। 22 ।।

यथाऽऽदिष्टश्च भृत्यः स लीलावत्या गृहं गतः ।

नत्वा कलावतीमादौ शुभां वार्तां च दत्तवान् ।।

आज्ञा पाकर सेवक भागा, लीलावती के घर आया ।

प्रणाम करके समाचार शुभ, कलावती को बतलाया ।। 213

◎ **Messenger :** *Taking the message from Sādhu, the servant ran and came to Līlāvatī home. As Kalāvatī opened the door. He saluted her and gave her the message from Sādhu.*

श्रुत्वा दूतमुखाद्वाक्यं महाहर्षवती सती ।

सत्यपूजां ततः कृत्वा प्रोवाच तनुजां प्रति ।। 23 ।।

आकर्ण्य तां शुभां वार्तां माता कृतवती व्रतम् ।

कृत्वा पूजां सुतामाह सत्यनारायणस्य सा ।।

व्रजामि शीघ्रमागच्छ साधुसन्दर्शनाय च ।

इति मातृवचः श्रुत्वा व्रतं कृत्वा समाप्य च ।। 24 ।।

कृत्वा पूजां प्रभोरादौ भुक्त्वा च तत्प्रसादकम् ।
भृत्येन सह त्वं शीघ्रम् आगच्छ तं नदीतटे ।।

शुभ वार्ता को सुन माँ–बेटी सत्य शरण में हो लीं थीं ।
सत्य देव का पूजन करके, माँ बेटी से बोली थी ।। 214
"सत्य देव की पूजा करके, प्रसाद खाकर तुम आओ ।
मैं जाती हूँ नदिया तट पर, संग दूत को तुम लाओ" ।। 215

◎ **Kalāvatī :** *Hearing the message from the messenger, she asked him to come in and thanked Shrī Satya Nārāyaṇ. Mother Līlāvatī then performed the Pūjā of Satya Deva, took Prasād and got ready to leave. She asked her daughter Kalāvatī to do the Pūjā, eat the Prasād and come to the shore quickly. Saying so Līlāvatī left.*

प्रसादं च परित्यज्य गता साऽपि पतिं प्रति ।
तेन रुष्टः सत्यदेवो भर्तारं तरणिं तथा ।। 25 ।।

सत्यपूजा कृता किन्तु प्रसादो विस्मृतस्तया ।
प्रसादं तं न भुक्त्वा नु मातुराज्ञा न पालिता ।।

पूजा नरायण की तो की, मगर अधूरी छोड़ी थी ।
प्रसाद खाना भूल के उसने, माँ की आज्ञा तोड़ी थी ।। 216

◎ **Kalāvatī :** *As mother said, Kalāvatī finished the Pūjā, but in rush she forgot to eat the Prasād. She quickly left with the servant. By not eating the Prasād, Kalāvatī disregarded mother's order and broke the rites of the Pūjā of Satya Deva.*

कृता मातुरवज्ञा च कृतो भङ्गः प्रणस्य च ।
यथाविधि स कर्तव्यो विना त्रुटिर्विना क्षतिः ।।

आज्ञा माँ की तोड़ी उसने, साथ में व्रत का वादा भी ।
याथा विधि प्रण करने का था, न कम न ही कुछ ज्यादा भी ।। 217

◎ **Alas! :** *Alas! Kalāvatī did not obey an important rite of the austerity. The rules of the austerity require that you do not do anything less nor you do anything more than what is required by the scriptures.*

(प्रणमननुसृत्य सा गता तदा)

पतिं प्राप्तुं गता शीघ्रं विना प्रसादभक्षणम् ।
सत्यदेवोऽकरोल्लीलां शिक्षां दातुं जगज्जनान् ।।

(किए हुए प्रण को तोड़ कर वह चली गई तब)

पति से मिलने निकल पड़ी पर, भूली प्रसाद खाने को ।
सत्य देव ने खेली लीला, सबको सबक सिखाने को ।। 218

◎ **Kalāvatī :** *In a rush to meet her husband, Kalāvatī broke the rules of the austerity. Therefore, in order to teach an important lesson to everyone, Shrī Satya Nārāyaṇ played trick on Sādhu's family.*

संहृत्य च धनैः सार्धं जले तस्यावमज्जयत् ।
ततः कलावती कन्या न विलोक्य निजं पतिम् ।। 26 ।।

अगोचरा कृता नौका शिक्षां दातुं हि लीलया ।
अन्तर्धानश्च जामाता सभृत्यश्च जलात्तदा ।।

सबक सिखाने सत्य देव ने, लुप्त कर दिया नौका को ।
साथ साथ ही गुप्त कर दिया, वणिक् पुत्र और नौकर को ।। 219

◎ **The trick :** *When Kalāvatī reached the shore of the river, Lord Satya Nārāyaṇ made Sādhu's boat to disappear from the view of the family of Sādhu.*

(एवम्)

नौ तत्रासीज्जले किन्तु नासीद्दृष्टिपथे तदा ।
यत एको बृहद्बोडः तयोर्मध्य उपस्थितः ।।

(ऐसे)

नाव वहीं थी पानी में ही, मगर नजर में नहीं पड़ी ।
नाव बड़ी सी झट से आकर, वहीं बीच में हुई खड़ी ।। 220

◎ **Boat :** *What actually happened was that, Sādhu's boat was still in the river but a large ship came in between the Sashu's boat and the shore. Therefore, Sādhu's family could not see their small boat which was standing behind this large ship.*

दृष्टिपथे जले नासीन्नौका कुत्रापि तत्र सा ।
गता नौका गता नौकोचुस्ते सर्वे भयं गताः ।।

सब ने ढूँढ़ा दिखी न नौका, पास कहीं भी पानी में ।

"नौका डूबी, नौका डूबी," बोले सब हैरानी में ।। 221

◎ **For a while :** *For a while Sādhu's family thought that, because of excessive weight, the boat must have sunk in the water with their son-in-law and their wealth. They got panicked and cried, "the boat capsized! the boat capsized!"*

शोकेन महता तत्र रुदती चापतद्भुवि ।
दृष्ट्वा तथाविधां नावं कन्यां च बहुदुःखिताम् ।। 27 ।।

मूर्च्छितां खलु निर्घातात्-भूमौ स्रस्तां कलावतीम् ।
दृष्ट्वा पतिव्रतां साधुः-अतीव दुःखितोऽभवत् ।।
पति-विरह से मूर्छित होकर, कलावती थी गिर पड़ी ।
उसे देख कर साधु के मन को, व्यथा हुई थी फिर बड़ी ।। 222

◎ **Kalāvatī :** *Thinking that her husband sank in the water with the boat, Kalāvatī fainted. Seeing her fainted, Sādhu became heart broken.*

भीतेन मनसा साधुः किमाश्चर्यमिदं भवेत् ।
चिन्त्यमानाश्च ते सर्वे बभूवुस्तरणिवाहकाः ।। 28 ।।

प्राप्य कलावती संज्ञां मरिष्याम्यहमाह सा ।
पतिं लब्धुं जले गत्वा करोम्यात्मसमर्पणम् ।।
कलावती जब होश में आयी, बोली मैं मर जाऊँगी ।
पति से मिलने जल में डूब कर, आत्मघात कर जाऊँगी ।। 223

◎ **Then :** *When Kalāvatī woke up, she said, "I will jump in the river and kill myself and join my husband in the heaven."*

ततो लीलावती कन्यां दृष्ट्वा सा विह्वलाऽभवत् ।
विललापातिदुःखेन भर्तारं चेदमब्रवीत् ।। 29 ।।
इदानीं नौकया सार्धं कथं सोऽभूदलक्षितः ।
न जाने कस्य देवस्य हेलया चैव सा हृता ।। 30 ।।
सत्यदेवस्य महात्म्यं ज्ञातुं वा केन शक्यते ।
इत्युक्त्वा विललापैव ततश्च स्वजनैः सह ।। 31 ।।
ततो लीलावती कन्यां क्रोडे कृत्वा रुरोद ह ।
ततः कलावती कन्या नष्टे स्वामिनि दुःखिता ।। 32 ।।

गृहीत्वा पादुके तस्यानुगन्तु च मनो दधे ।
कन्यायाश्चरितं दृष्ट्वा सभार्यः सज्जनो वणिक् ।। 33 ।।
अतिशोकेन संतप्तश्चिन्तयामास धर्मवित् ।
हृतं वा सत्यदेवेन भ्रान्तोऽहं सत्यमायया ।। 34 ।।

कन्यायाः त्यागशब्दैस्तैः पितरौ बहुदुःखितौ ।
करुणामकरोद्देवः लक्ष्मीनारायणो हि सः ।।
शब्द त्याग के सुन कर उसके, माता पिता थे डर गये ।
लक्ष्मीपति भी पतिव्रता पर, दया की दृष्टि कर गये ।। 224

◎ **But :** *Hearing the vow of sacrifice by Kalāvatī, her mother and father became worried and Lord Satya Nārāyaṇ became merciful on her.*

पति-विरह में मूर्छित हो कर, कलावती गिर पड़ी

6. Story of the Merchant of Ratnapurī

सत्यपूजां करिष्यामि यथाविभवविस्तरैः ।
इति सर्वान्समाहूय कथयित्वा मनोरथम् ।। 35 ।।
नत्वा च दण्डवद्भूमौ सत्यदेवं पुनः पुनः ।
ततस्तुष्टः सत्यदेवो दीनानां परिपालकः ।। 36 ।।

सर्वान्समीक्ष्य साधुः स कृतवान्तत्त तद्व्रतम् ।
बान्धवैः सह सर्वैः स वारं वारं नतस्ततः ।।

सबके आगे साधु बोला, व्रत मैं करता अभी यहाँ ।
पुनः पुनः फिर प्रणाम करने, लगे बंधुजन सभी वहाँ ।। 225

◎ **Sādhu :** *Sādhu vowed to perform the austerity of Shrī Satya Nārāyaṇ then and there. His people joined him and began the Pūjā and prayers.*

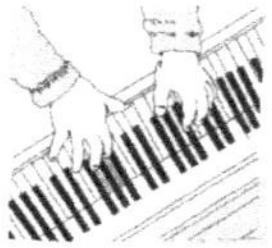

गीत 25 : राग मालकंस, कहरवा ताल 8 मात्रा

(श्री सत्य नारायण साँई)

स्थायी

श्री सत्य नारायण साँई रे, तेरी आरती बड़ी सुखदायी, रे ।

♫ म– गमग सानिसाधनि सा–म– म–, मम– गमगसा धसा धनि सा–म–, म– ।

अंतरा–1

लक्ष्मीपति जग स्वामी हैं, मेरे माता पिता अरु भाई, रे । श्री॰

♫ ग–ममध– निनि सांगनि सां–, नि–नि निनि– निध धनिसांनि धम । म–॰

अंतरा–2

किरपावान गोसाँई हैं, अरु निश दिन मेरे सहाई, रे ।

अंतरा–3

पूजा पाठ सजाओ रे, अजी! गान कथा भी सुनाओ, रे ।

◎ **A Prayer to Lakṣhmī-Nārāyaṇa : *Sthāyī* :** *O Lord Satya-Nārāyaṇa! your Ārtī is very pleasure giving.* ***Antarā* : 1.** *O Lakṣhmīpati! your the lord of this world. You are Mother, Father and Brother to us.* **2.** *You are merciful Lord. You are our helper day and night.* **3.** *Let's do the Pooja and Path and let's sing songs and the story.*

(अतो रत्नाकर उवाच)

लक्ष्मीनारायणो विष्णुः मनःपरीक्षकः खलु ।
पूजकानां सुकर्माणि रक्षति स्मरणे सदा ।।

सत्यश्रीरभवत्तुष्टो व्रतं प्राप्य यथाविधि ।
दोषिनामपराधान्स सहिष्णुः सहते सदा ।।

शिक्षां दातुं ददाति स दण्डमपि धनं तथा ।
कलावतीमदर्शयत्सन्मार्गं मार्गदर्शकः ।।

(अतः रत्नाकर कहते हैं)

सत्यनारायण विष्णु भगवन्, मन परखने वाले हैं ।
भक्तजनों के सत् कर्मों को, ध्यान में रखने वाले हैं ।। 226
तुष्ट होगये प्रभुजी उन पर, दिल में रहने वाले हैं ।
अपराधी के अपराधों को, प्रेम से सहने वाले हैं ।। 227
सत्यदेव ने दया दिखाई, बहुत बड़े दिल वाले हैं ।
कलावती को सबक सिखाई, राह दिखाने वाले हैं ।। 228

◎ **The Moral :** *Therefore, Ratnākar says, the moral of the story is that, Lord Satya Nārāyaṇ knows your mind. He remembers the good deeds of his devotees. He keeps his devotees in his heart with care. But, the Lord punishes him who commits a sin. Shrī Satya Nārāyaṇ showed his mercy on Kalāvatī, but taught her a lesson to show the right path to the world.*

गीत 26

(यों ही नाटक सारा है)

स्थायी

क्रोध जताए सबक सिखाने, वरना प्रेम की धारा हैं ।
भगत के लिये राह दिखाने, यों ही नाटक सारा है ।।

♫ म–म मम–पम पपम गरेम–, पपम ग–रे म– गमरेम ग– ।
सासासा रे– गरे– प–म गरेग–, प– म गरेसासा गरेगरे सा– ।।

अंतरा–1

जैसी माता अपने शिशु को, प्यार देत और मार भी है ।
मगर उसी के भले के लिये, देत गले का हार भी है ।।

♫ सा–रे– ग–रे– गगग गम– म–, प–म ग–ग रेरे म–ग रे म– ।
पमम गरे– ग– रेग– म– गरे–, प–म गरे– म– गरेग रे सा– ।।

अंतरा–2

राह दिखाने धाक दिखाए, जहाँ प्यार का मेल भी है ।
माता पिता का प्यार दिलाए, और खिलाए खेल भी है ।।

अंतरा–3

पथपतित के भले के लिये, कभी दीपक कभी मशाल भी ।
प्रकाश देकर राह जताए, हाथ जलाए कभी कभी ।।

◎ **Guidance : *Sthāyī :*** *Anger is just a show to teach a lesson, but truly Satya Deva is an ocean of mercy. To educate his devotees, sometimes he plays games.* ***Antarā : 1.*** *As a mother loves her child but sometimes scolds him too. For the good of her child, she gives up everything happily.* ***2.*** *Satya Deva scares you to keep you on the right path. He is a mother as well as a father. He is strict as well as playful.* ***1.*** *He who has wandered away from the right path, the Lord becomes the guiding light and gives him wisdom. He also burns his hand with the same lamp, if the devotee becomes unrighteous.*

जगाद वचनं चैनं कृपया भक्तवत्सलः ।
त्यक्त्वा प्रसादं ते कन्या पतिं द्रष्टुं समागता ।। 37 ।।

अतोऽदृष्टोऽभवत्तस्याः कन्यकायाः पतिर्ध्रुवम् ।
गृहं गत्वा प्रसादं च भुक्त्वा साऽऽयाति चेत्पुनः ।। 38 ।।

लब्धभर्त्री सुता साधो भविष्यति न संशयः ।
कन्यका तादृशं वाक्यं श्रुत्वा गगनमण्डलात् ।। 39 ।।

(ततो नभवाण्यभवत्)

नभोवाण्या प्रभुस्तत्र जनानाह नदीतटे ।
असन्तुष्टोऽस्मि तस्माद्धि कलावत्यां महाजनाः ।।

अपूर्णं मे व्रतं त्यक्त्वा साऽऽगताऽसीत्पतिव्रता ।
गृहं गत्वा प्रसादं सा खादेद्विघ्नं गमिष्यति ।।

(फिर आकाश वाणी हुई)

नभवाणी ने कह, "सत्य श्री, कलावती से रुष्ट हैं ।
प्रसाद व्रत का त्यागा उसने, इसीलिये सब कष्ट हैं" ।। 229
घर जाकर वह प्रसाद खा ले, व्रत सफल हो जाएगा ।
पति उसका और धन नौका भी, सब तुमको मिल जाएगा ।। 230

◎ **The Celestial voice :** *As Kalāvatī woke up, there was a celestial voice of Shrī Satya Deva. It said, "Kalāvatī is being punished because she ignored the rule of the austerity. If she goes home and eats the Prasād, you will see the boat and your son-in-law.*

क्षिप्रं तदा गृहं गत्वा प्रसादं च बुभोज सा ।
सा पश्यात् पुनरागम्य ददर्श सुजनं पतिम् ।। 40 ।।
ततः कलावती कन्या जगाद पितरं प्रति ।
इदानीं च गृहं याहि विलम्बं कुरुषे कथम् ।। 41 ।।
तच्छ्रुत्वा कन्यकावाक्यं संतुष्टोऽभूद्वणिक्सुतः ।
पूजनं सत्यदेवस्य कृत्वा विधिविधानतः ।। 42 ।।
धनैर्बन्धुगणैः सार्धं जगाम निजमेन्दरम् ।
पौर्णमास्यां च सं+न्तौ =तवान्सत्यपूजनम् ।। 43 ।।
इहलोके सुखं भुक्त्वा चान्ते सत्यपुरं ययौ ।
अवैष्णवानामप्राप्यम् गुणत्रयविवर्जितम् ।। 44 ।।

गृहं गत्वा प्रसादं सा भुक्त्वाऽऽगता कलावती ।
सार्धं सार्धं बृहत्पोतो गतश्चाग्रे शनैः शनैः ।।

ॐ **यदा नासीद्बृहन्नौका तयोर्मध्ये जले हि सा ।**
तदा दृष्टा जले नौका धनं भृत्यस्तथा पतिः ।।

(आकाश वाणी सुन कर)

कलावती झट घर गई और प्रसाद खाकर आगयी ।
बड़ी नाव भी धीरे धीरे अदृष्टि में समा गयी ।। 231
नौका जल में दृष्ट होगयी, कलावती पति पागयी ।
सत्यप्रभु की अपार माया सबके मन को भा गयी ।। 232

◎ **Kalāvatī :** *hearing the celestial voice, Kalāvatī quickly went home, ate the Prasād and asked for forgiveness. As soon as she returned, the large ship moved ahead and Sādhu's small boat became visible in the river. Seeing the boat, they all were happy. They liked the trick Shrī Satya Deva played on them.*

(फिर)

हँस मिल जुल कर सब घर आये, श्री विष्णु की कृपा लिये ।
पूर्णिमा और संक्रांति दिन, निश्चित व्रत के लिये किये ।। 233

◎ **Happy Ending :** *All is well if the end is happy. With this happy ending. all came home joyfully. They thanked Shrī Satya Nārāyaṇ. Then, at every full moon day and at Sankranti festival they performed the Vrat regularly.*

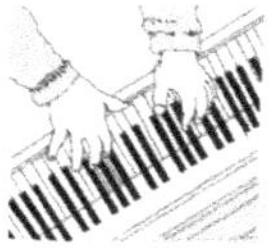

गीत 27

(तेरी माया)

स्थायी

प्रभु जी, तेरी माया से, सत्य व्रत, हमने पाया है ।
जो हम पर, प्यारी छाया है, प्रभु ये, तेरी माया है ।।

♫ ऩिसारे सा–, गमग रे–ग– म–, प–म गग, ममग रे–गरे सा– ।
ऩि सासा रेरे, ग–म गरेग– म–, गग– म–, प–म रेगरेग सा– ।।

अंतरा–1

तुझे मैंने भुलाया तो, मुझे तूने रुलाया है ।
तुझे मैंने बुलाया तो, हमें तूने मिलाया है ।।

♫ मम– प–म– पम–ग– म–, धप– म–प– धप–मग म– ।
निध– प–म– धप–म– ग–, पम– ग–रे– मरेगरेग सा– ।।

अंतरा–2

मेरी लूटी कमाई को, दुगुना तूने कराया है ।
मेरे डूबे जँमाई को, पुनः तूने तराया है ।।

अंतरा–3

मेरे रूठे हुए मन को, प्रभु तूने हँसाया है ।
मेरे टूटे हुए घर को, पुनः तूने बसाया है ।।

अंतरा–4

मेरी बीवी और बेटी को, प्रभु तूने बचाया है ।
मेरी फूटीसी किस्मत को, फिर से तूने रचाया है ।।

अंतरा–5

जो कुछ मैंने कमाया था, एक पल में गमाया है ।
सत्य व्रत से वो फिर आया, प्रभु तेरी ये माया है ।।

अंतरा–6

मेरी बिगड़ी को दोबारा, प्रभु तूने बनाया है ।
नदीया के किनारे पर, तेरे व्रत को मनाया है ।।

◎ **O Lord! your grace : *Sthāyī :*** *O Lord! with your kind grace we received the divine austerity of Shrī Satya Nārāyaṇ. O God! the kind shelter you have given us is your auspicious mercy.* ***Antarā : 1.*** *O Lord! when I forgot you, you brought me to tears, but whenever I called you for help, you brought us together.* ***2.*** *O Lord! when I lost my wealth, you gave me double in return. When I thought my boar sank, you made it appear.* ***3.*** *O Lord! when I was sad, you put smile on my face. You brought my broken family together.* ***4.*** *O Lord! you saved my wife from pains and dishonor. You have turned my misfortune into fortune.* ***5.*** *O Lord! I had lost everything that I had earned my life, but with your austerity I got it all back.* ***6.*** *O Lord! you have put my life on right track again, when I performed your austerity (Vrat) at the bank of the river.*

इति श्रीस्कन्दपुराणस्य रेवाखण्डात् श्री–सत्यनारायण–व्रत–कथाया रत्नाकर–रचितः ससंगीतः सचित्रः सटीकः सविस्तरः चतुर्थोऽध्यायः ।

◎ **Thus :** *Thus concludes the Fourth Chapter of the new musical story of the austerity of Shrī Satya Nārāyaṇ, as narrated in the Revā Khaṇḍ of the Skand Purāṇ, with detailed explanation, illustrations and answers to your questions and doubts.*

6. Story of the Merchant of Ratnapurī

सबके सामने साधु बोला, व्रत मैं करूँगा अभी यहाँ । पुनः पुनः फिर प्रणाम करने लागे बंधु जन सभी वहाँ ।।

अध्याय पाँचवाँ

राजा तुंगध्वज की कथा ।

CHAPTER 5

7. Story of King Tungadhvaj

अथान्यच्च प्रवक्ष्यामि शृणुध्वं मुनिसत्तमाः ।
आसीत्तुङ्गध्वजो राजा प्रजापालनतत्परः ।। 1।।

(सूत उवाच)

तुङ्गध्वजो महाराजा कस्मिंश्चिन्नगरे पुरा ।
लोकप्रियो गुणी श्रेष्ठ आसीत्प्रजासुरक्षकः ।।

(सूत जी ने कहा)

हे ऋषि मुनियों आगे सुनियो, तुंगध्वज की वो कथा ।
स्कंद पुराण के रेवा खण्ड में, व्यास जी ने कही यथा ।। 234
किसी नगरी के एक राजा का, "तुंगध्वज" शुभ नाम था ।
नृप लायक था, सुख दायक था, जनता को आराम था ।। 235

◎ **Sūt muni :** *Sūt muni said, O Rishis! now hear the story of king Tungadhvaj. I have taken it from the Revā Khaṇḍ of the Skand Purāṇ. It was originally told by Shrī Vyās muni. Once up on a time there was a great king named Tungadhvaj. He protected his subjects with justice and peace. People were happy in his kingdom.*

प्रसादं सत्यदेवस्य त्यक्त्वा दुःखमवाप सः ।
एकदा स वनं गत्वा हत्वा बहुविधान्पशून् ।। 2।।

(एकस्मिन्दिने)

एकदा स यथा नित्यं मृगयायै गतो वनम् ।
कृत्वा च मृगया क्लान्तो योग्यस्थाने स स्तब्धवान् ।।

(एक दिन)

यथा नियम से शिकार करने, राजा वन में था गया ।
मृग विविध का शिकार करके, एक स्थान में आ गया ।। 236

◎ **One day :** *As usual, one day the king went to forest for hunting. Hunting some animals, he stopped at one quiet place.*

आगत्य वटमूलं च दृष्ट्वा सत्यस्य पूजनम् ।
गोपाः कुर्वन्ति सन्तुष्टा भक्तियुक्ताः सबान्धवाः ।। 3।।

(तत्र वटतले)

समीपं तत्र गोपाला वटतले च गोपिकाः ।
व्रते सत्यस्य तल्लीनाः सनन्दाश्च सबान्धवाः ।।

(वहाँ पर)

विशाल वट के तरु के नीचे, गोप गोपियाँ वृंद में ।
भक्ति भाव से मना रहे थे, सत्यव्रत आनंद में ।। 237

◎ **There :** *There, under a large Banyan tree, some cowherds were performing the austerity of Shrī Satya Nārāyaṇ with full faith.*

राजा दृष्ट्वा तु दर्पेण न गतो न ननाम सः ।
ततो गोपगणाः सर्वे प्रसादं नृपसन्निधौ ।। 4।।

दृष्ट्वा दर्पेण तान्राजा न गतो नानमच्च सः ।
गोपा आहूतवन्तस्तं ध्यानं दत्तवान्नृपः ।।

गोप्यस्तमुपसङ्गम्य प्रसादं तं ददुर्नृपम् ।
स्व्यकरोन्न च तं राजा प्रसादं गर्वकारणात् ।।

नृप ने उनको दूर से देखा, मगर पास में नहीं गया ।
बुलाया उसे भक्तों ने पर, ध्यान उसने नहीं दिया ।। 238
गोपियों ने पास में आकर, प्रसाद उसको दे ही दिया ।
फिर भी उसने अहंकार में, उस प्रसाद को नहीं लिया ।। 239

◎ **The King :** *King Tungadhvaj saw the cowherds, but he did not join them. They called him, but he ignored their call. They brought the Prasād to him, out of his ego, but he did not eat it.*

(सोऽचिन्तयत्)

सोऽचिन्तयदहं राजा राज्ये कृत्स्नं ममास्ति वै ।
पुत्रा दारा गजा अश्वा दासा सन्ति शतानि मे ।।

धनधान्यमपारं मे प्रासादे निवसामि च ।
सुपक्वान्नानि भोज्यानि; किं पुनरेष दास्यति ।।

(उसने सोचा)

उसने सोचा मैं राजा हूँ, सब कुछ मेरे पास है ।

7. Story of King Tungadhvaj

पुत्र पत्नियाँ हाथी घोड़े, सेवक सौ सौ दास हैं ।। 240

धन दौलत से लदा हुआ में, महल में मेरा वास है ।

अच्छे भोजन रोज मैं खाता; इस प्रसाद में क्या खास है ।। 241

◎ **The king thought :** *He thought, "I am the king. I have everything. I have wives, children, wealth, kingdom, elephants, horses, palaces, servants and I eat good food every day. What is so special in this Prasād."*

सर्वनृणामहं स्वामी सर्वेषां च महीक्षितः ।
सुखदो दुःखहा चाहं सर्वेषां तारकोऽप्यहम् ।।

सत्यकथाप्रसादाभ्यां किमस्ति मे प्रयोजनम् ।
त्यक्त्वाऽधुना प्रसादं मे किमशुभं भविष्यति ।।

सबका मालिक, प्रजा का पालक, राज्य का चालक मैं ही हूँ ।

मैं सुख कारक, मैं दुःख हारक, सबका तारक मैं ही हूँ ।। 242

सत्य कथा से, या प्रसाद से, मैंने अब क्या पाना है ।

इस प्रसाद को त्याग भी दूँ तो, अभी बिगड़ क्या जाना है ।। 243

◎ **And :** *"I am the Lord of this kingdom. I am the protector of the people. I am the ruler. I am the giver of happiness. I remove miseries. I give punishment. I am powerful. What do I have to gain from this austerity of Shrī Satya Nārāyaṇ and its Prasād. What can go wrong with me.*

(उद्धतस्य राज्ञः तानि कटुवचनानि श्रुत्वा सशंकः स्वगतम् आह)

दर्शयाह प्रभो लीलां सशंकः स्वगतं तदा ।
जहि तस्य प्रमादं च दण्डय चोद्धतं नृपम् ।।

(उस उद्धत राजा के कटु वचन सुन कर)

सशंक जी फिर मन में बोले, लीला दिखाओ प्रभु जी! आज ।

उस उद्धत को खूब सताओ, और बिगाड़ो उसके काज ।। 244

◎ **Sashank jī :** *Hearing this part of the story, Sashank jī became uneasy and in his mind he said, "I hope Shrī Satya Nārāyaṇ teaches a good lesson to this arrogant king."*

(ततः यदा राजा गृहं गतवान् सोऽपश्यत्)

नृपेऽक्रुध्यत्स सत्यश्री यथा सशंक इष्टवान् ।
नृपमदर्शयल्लीलां शिक्षां दातुं तमुद्धतम् ।।

संस्थाप्य पुनरागत्य भुक्त्वा सर्वे यथेप्सितम् ।
ततः प्रसादं संत्यज्य राजा दुःखमवाप सः ।। 5 ।।
तस्य पुत्रशतं नष्टं धनधान्यादिकञ्च यत् ।
सत्यदेवेन तत्सर्वं नाशितं मम निश्चितम् ।। 6 ।।

गृहं गतो यदा राजा हाहाकारं स दृष्टवान् ।
पुत्रा दारा मृताः सर्वे चोरा धनमचोरयन् ।।

(फिर उद्धत राजा जब महल में लौटा तब उसने देखा)

सत्य देव का, उस उद्धत पर, क्रोध चढ़ गया घोर था ।

सबक सिखाने, उसे दिखाया, प्रभु ने अपना जोर था ।। 245

उद्धत राजा जब घर लौटा, महल में पड़ा शोर था ।

पुत्र पत्नियाँ मरीं हुईं थीं, धन भी ले गया चोर था ।। 246

◎ **Thus :** *Thus, as Sashank jī wished, Lord Satya Nārāyaṇ got angry with the rude king. Satya Deva decided to teach him a lesson. Thus, when the king came home, he saw hes palace in chaos. All his wives were dead. His children were dead. His wealth was stolen by robbers.*

अतस्तत्रैव गच्छामि यत्र देवस्य पूजनम् ।
मनसा तु विनिश्चित्य ययौ गोपालसन्निधौ ।। 7 ।।
ततोऽसौ सत्यदेवस्य पूजां गोपगणैः सह ।
भक्तिश्रद्धान्वितो भूत्वा चकार विधिना नृपः ।। 8 ।।

(तद्दृष्ट्वा राजा स्वदोषं मत्वा वनं च पुनर्गत्वा)

दोषं मत्वा वनं गत्वा सगोपः कृतवान्व्रतम् ।
कथां पूजां प्रसादं च सत्यनारायणस्य सः ।।

(राजा फिर होश में आया, और)

होश में आकर, वन में जाकर, सत्य को किया नमन था ।

गोप बुला कर, पूजा सजा कर, सत्य का किया भजन था ।। 247

कथा को गाकर, आशिष पाकर, सत्य का किया स्मरण था ।

व्रत मना कर, प्रसाद खाकर, सत्य को गया शरण था ।। 248

◎ **King Tungadhvaj :** *Seeing that horrible scene, king Tungadhvaj knew it was the work of angry Lord Satya Nārāyaṇ. He quickly went to the cowherds and performed the austerity. He ate the Prasād and asked for forgiveness from the Lord.*

7. Story of King Tungadhvaj

सत्य प्रसाद के सत् प्रभाव से, तुंगध्वज का गर्व हिला । पुत्र-पौत्र और धन दौलत के, सुख भोगों में स्वर्ग मिला ।।

सत्यदेवप्रसादेन धनपुत्रान्वितोऽभवत् ।
इहलोके सुखं भुक्त्वा चान्ते सत्यपुरं ययौ ।। 9।।

(ततः)

सोऽपश्यद्गृहमागत्य पुत्रदाराधनादिकम् ।
मायया पूर्ववत्सर्वं लक्ष्मीनारायणस्य हि ।।

(उसके बाद)

घर में आकर नृप ने देखा, पुत्र पत्नियाँ सजीव हैं ।
धन दौलत भी ज्यों की त्यों थी, सत्य की माया अजीब है ।। 249

◎ **At home :** *When the king returned home, he saw his wives alive, children alive and all his wealth as it was. The magic of Shrī Satya Nārāyaṇ is unique.*

गीत 28

(सत्य प्रसाद)

स्थायी

सत्य प्रसाद के एक कण में, ऐसा जादू होता है ।
हर नारी नर एक छण में, पाप अपने धोता है ।।

♫ नि़-रे गमं-प मं- ध-प मंगमं-, ग-रे- ग-मं- प-मं- ग- ।
नि़नि़ सा-रे- रेरे ग-रे सासा रे-, मंधप मंगमं- गरेनि़- सा- ।।

अंतरा-1

सत्य कथा के नित्य श्रवण में, ऐसी शक्ति होती है ।
कोई भी व्यक्ति, जिसमें भक्ति, भव से मुक्ति पाती है ।।

♫ मं-ध निधमं प- धप मंगग प-, ध-प मं-प- मंधपमं ग- ।
गग ग ग-मं-, मंधप- मं-ग-, पमं ग- रे-ग- गरेनि- सा- ।।

अंतरा-2

सत्य व्रत के पूजा पाठ में, ऐसा यशबल होता है ।
पूजक अपने पाप विनश कर, बीज पुण्य के बोता है ।।

अंतरा-3

सत्य देव का नाम सुमिरन, ऐसा प्रभाव रखता है ।
पापी नर भी पाप छोड़ कर, पुण्य फलों को चखता है ।।

◎ **Thus : *Sthāyī :*** *There is such a magic in each particle of the Prasād of the austerity of Shrī Satya Nārāyaṇ that, it washes away all your sins.* ***Antarā : 1.*** *There is such a divine power in hearing the story of Shrī Satya Nārāyaṇ regularly that, anyone who has faith can liberate himself from the worldly cycle of birth and death.* ***2.*** *There is such a unique power in the Pūjā of Shrī satya Deva that, the devotee earns merit that will take him to heaven.* ***3.*** *There is such a power in chanting the names of Satya Deva that, the devotee enjoys the sweet fruit from his deeds.*

(ततः स राजा निरहङ्कारी भूत्वा स्वर्गं गतः)

सत्यव्रतस्य पुण्येन बभूव स निरामयः ।
गतः स्वर्गं सुखं तीर्त्वा मृत्युसंसारसागरम् ।।

(फिर, राजा का गर्व जाकर वह स्वर्ग में गया)

सत्य प्रसाद के सत् प्रभाव से, तुंगध्वज का गर्व हिला ।
पुत्र पौत्र और धन दौलत के, सुख भोगों में स्वर्ग मिला ।। 250

◎ **Thus :** *The power of the Prasād of the austerity of Shrī Satya Nārāyaṇ, removed ego from king Tungadhvaj. He enjoyed his wives, children, wealth, happiness and he went to heaven.*

सत्यनारायण व्रत महीमा ।

(अतः सूत उवाच)

भोः ऋषिमुनयः प्रेम्णा शृण्वन्तु हितदं व्रतम् ।
भाग्यं ददाति पुण्यं च सत्यनारायणस्य यत् ।।

(अतः सूत जी कहते हैं)

हे सद् गुणियों प्रेम से सुनियो, सबके हित की बात है ।
नर इस व्रत से पाप मिटाता, भाग्य जगाता, तात! है ।। 251

◎ Sūt **muni :** *Sūt muni said, O Rishis! please listen to my words. They are beneficial to the world. The austerity of Shrī Satya Nārāyaṇ removes your sins and gives you good fortune.*

सत्यदेवप्रसादेन धनपुत्रान्वितोऽभवत् ।
इहलोके सुखं भुक्त्वा चान्ते सत्यपुरं ययौ ।। 10।।

अस्मिन्कलियुगे पूजा कर्तव्या सर्वदा हि सा ।

कश्चिद्वदति सत्यं तमन्ये कालं प्रभुं तथा ।।

य इदं कुरुते सत्यव्रतं परमदुर्लभम् ।
श्रृणोति च कथां पुण्यां भक्तियुक्तः फलप्रदाम् ।। 11 ।।
धनधान्यादिकं तस्य भवेत्सत्यप्रसादतः ।
दरिद्रो लभते वित्तं बद्धो मुच्येत बन्धनात् ।। 12 ।।
भीतो भयात्प्रमुच्येत सत्यमेव न संशयः ।
ईप्सितं च फलं भुक्त्वा चान्ते सत्यपुरं व्रजेत् ।। 13 ।।

ॐ स्वामीनमीश्वरं केचित्-सत्यनारायणं परम् ।
तं विष्णुभगवन्तं ते सत्यं सर्वे वदन्ति वै ।।

इस कलियुग में सत्य की पूजा, वाँच्छित फलदा नित्य है ।
कोई कहता "काल" प्रभु को, कोई "साईं," "सत्य" है ।। 252
कोई कहता "सत्यनारायण," कोई "ईश्वर-स्तुत्य" है ।
कोई कहता "विष्णु भगवन्," सभी का कहना सत्य है ।। 253

◎ **Satya Vrat :** *O Rishis! in this Kali yuga, the Pūjā and Prasād of Satya Deva always gives the desired fruit. Therefore, some people call him "the True Lord," some call him "Kal," some call him "Saaī," some call him "Satya Nārāyaṇ," some call him "Ishvara," and some call him "Lord Vishṇu." Everybody is right.*

इति वः कथितं विप्राः सत्यनारयणव्रतम् ।
यत्कृत्वा सर्वदुःखेभ्यो मुक्तो भवति मानवः ।। 14 ।।

(ततः सूतोऽवदतुदाहरणानि सत्यकृपायाः)

ॐ भोः ऋषिमुनयो भूयः शृण्वन्तु हितकारकम् ।
परं पदं कथं दत्तः सत्यपूजा तथा कथा ।।

(फिर सूत जी बोले : अब सत्यकृपा के कुछ उदाहरण सुनिए)

हे ऋषि मुनियों फिर से सुनियो, बड़े काम की बाते हैं ।
सत्य की पूजा और कथा से, लोग परम पद पाते हैं ।। 254

◎ **Mercy of Satya Deva :** *O Rishis! now listen to some instances of Lord's mercy by which his devotees attained the supreme state.*

विशेषतः कलियुगे सत्यपूजा फलप्रदा ।
केचित्कालं वदिष्यन्ति सत्यमीशं तमेव च ।। 15 ।।
सत्यनारायणं केचित्सत्यदेवं तथापरे ।
नानारूपधरो भूत्वा सर्वेषामीप्सितप्रदम् ।। 16 ।।
भविष्यति कलौ सत्यरूपी सनातनः ।
श्रीविष्णुना धृतं रूपं सर्वेषामीप्सितप्रदम् ।। 17 ।।
य इदं पठते नित्यं श्राृणोति मुनिसत्तमाः ।
तस्य नश्यन्ति पापानि सत्यदेवप्रसादतः ।। 18 ।।
व्रतं यैस्तु कृतं पूर्वं सत्यनारायणस्य च ।
तेषां त्वपरजन्मानि कथयामि मुनीश्वराः ।। 19 ।।

(अतः)

ॐ भोः ऋषिमुनयोऽन्ते च शृण्वन्तु महिमा विधेः ।
येषु येषु प्रभोश्छाया तेषां परं पदं ततः ।।

(अतः)

हे ऋषि मुनियों अन्त में सुनियो, सत्य का जिन पर साया था ।
उन पुरुषों ने सत्य कृपा से, पूज्य परम पद पाया था ।। 255

◎ **And :** *O Rishis! then at the end listen to the manes of some people who attained heaven with the kind grace of Lord Satya Nārāyaṇ.*

शतानन्दो महाप्राज्ञः सुदामा ब्राह्मणो अभूत् ।
तस्मिञ्जन्मनि श्रीकृष्णं ध्यात्वा मोक्षमवाप ह ।। 20 ।।

(शतानंदो सुदामा भूत्वा)

ॐ पुरा विप्रः शतानन्दः सत्यव्रतप्रसादतः ।
सुदामा जन्मजन्मान्ते कृष्णभक्तः परं गतः ।।

(शतानंद पंडित अगले जनम में सुदामा बन गया)

पूर्व जनम का शतानंद द्विज, सत्य देव के प्रसाद से ।
सुदामा बन कर मोक्ष पा गया, कृष्ण भक्ति के प्रभाव से ।। 256

◎ **Sudama :** *The righteous ancient king Shatānand earned mercy of Lord Vishṇu and became Sudāmā in his next life. He became a good friend of Lord Krishṇa.*

काष्ठभारवहो भिल्लो गुहराजो बभूव ह ।
तस्मिद्रजन्मनि संसेव्य रामं मोक्षं जगाम वै ।। 21 ।।

उल्कामुखो महाराजो नृपो दशरथोऽभवत् ।
श्रीरंगनाथं संपूज्य श्रीवैकुण्ठं तदाऽगमत् ।। 22 ।।
धार्मिकः सत्यसन्धश्च साधुर्मोरध्वजोऽभवत् ।
देहार्धं क्रकचैश्छित्त्वा दत्त्वा मोक्षमवाप ह ।। 23 ।।
तुंगध्वजो महाराजः स्वायंभुवोऽभवत्किल ।
सर्वान्भागवतान्कृत्वा श्रीवैकुण्ठं तदाऽगमत् ।। 24 ।।
भूत्वा गोपाश्च ते सर्वे व्रजमण्डलवासिनः ।
निहत्य राक्षसान्सर्वान्गोलोकं तु तदा ययुः ।। 25 ।।

(काश्या: काष्ठक्रेता निषाद्भूत्वा)

दरिद्रः काष्ठविक्रेता सत्यभक्त्या हि स्वर्-गतः ।
पुनर्जन्मनि रामस्य निषादः सेवकोऽभवत् ।।

(काशी का लकड़हारा निषाद् बन गया)

लकड़हारा गरीब होकर, सत्य भक्ति से तर गया ।
अगले जनम में निषाद् बन कर, राम की सेवा कर गया ।। 257

◎ **Nişhād :** *The poor wood-seller of Kāshī performed the austerity of Shrī Satya Nārāyaṇ and in his next life he became Nişhād and served Lord Rāma.*

इति श्रीस्कन्दपुराणस्य रेवाखण्डात् श्री-सत्यनारायण-व्रत-कथाया रत्नाकर-रचितः ससंगीतः सचित्रः सटीकः सविस्तरः पञ्चमोऽध्यायः ।

◎ **Thus :** *Thus concludes the Fifth Chapter of the new musical story of the austerity of Shrī Satya Nārāyaṇ, as narrated in the Revā Khaṇḍ of the Skand Purāṇ, with detailed explanation, illustrations and answers to your questions and your doubts.*

8. CONCLUSION

(कथायाः पश्चात् सशंकः सूतमभणत्)

सशंक आह सूतं तु चेदेतद्धि महाव्रतम् ।
नरं परं पदं दद्यात् एतदियत्कथमृजुः ।।

नास्मिन्व्रते च यज्ञो हि मूर्तिपूजा न चात्र वा ।
न नाम मन्त्रतन्त्राणां न दानदक्षिणा द्विजान् ।।

(सूतः स्पष्टं करोति)

स्वाहा सत्यः स्वधा सत्यो वषट् सत्यः स स्वस्ति च ।
यज्ञः सत्यो हविः सत्यो ब्रह्म सत्यस्य नाम हि ।।

सत्यः साम च होमश्च ओङ्कारः सत्यरूपकः ।
सत्यो व्योम तथा भौम रोमरोमसु सत्यकम् ।।

पुष्पं सत्यो फलं सत्यो जलं सत्यस्य पूजनम् ।
मनननमने सत्यः सत्यो भजनगायने ।।

गुरुः सत्यो मनुः सत्यः सत्यः पुरुषप्रकृती ।
विष्णुः सत्यो तथा जिष्णुः कृष्णः सत्यः शिवश्च सः ।।

(अन्ते सर्वेऽपि भक्ता उक्तवन्तः)

नमस्तुभ्यं प्रभो सत्य नारदाय कृतज्ञता ।
वेदव्यासं सशंकं च रत्नाकरं च मन्महे ।।

श्रुत्वा पूर्वाः कथा या हि, संदेहा मनस्यागताः ।
नावगतं रहस्यं वा गूढं व्यासेन मिश्रितम् ।।

प्रश्नैरासीन्मनो व्याप्तं शंकाभिः भ्रमिता वयम् ।
ज्ञात्वा व्यासस्य गूढार्थं सत्यार्थः स्वयमागतः ।।

प्रभोर्लीलां न पश्यन्तो टीकां कुर्वन्त आस्म वै ।
सत्यं सत्यमितो ज्ञात्वा मनसि हर्षिता वयम् ।।

कथा के बाद सशंक मुनि बोले

सशंक बोले इस व्रत से यदि, तर जाता है आदमी ।
कहये सूत जी महान व्रत में, इतनी क्यों है सादगी ।। 258
न कोई इसमें यज्ञ कहा है, न मूर्तिपूजा नाम है ।
न ब्राह्मणों को दान बताया, न ही मंत्रों का गान है ।। 259

8. CONCLUSION

◎ **Sashank jī :** *At the end of the five stories, Shrī Sashank jī said, O Shrī Sūt muni! this Vrat (austerity) is so very powerful, and it is amazing that this Pūjā so simple. Neither it has any yajna required, nor any Mantra, nor a Priest, Nor Dakshina (charity), nor a donation.*

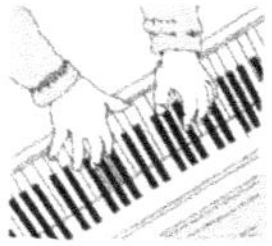

अन्त में सभी भक्तजन बोले।

गीत 29

(धन्यवाद हैं)

धन्यवाद हैं श्री प्रभु को, नारद मुनि को धन्यावाद ।
वेद व्यास को, सशंक जी को, रत्नाकर को धन्यवाद ।।

कथा जो हमने पहले सुनी थी, अनर्थ मन में आये थे ।
अर्थ कथा का समझ न पाये, व्यर्थ गति भरमाये थे ।।

शंकाओं से हम उलझे थे, मन प्रश्नों से था भरा ।
गूढ़ कथा का स्पष्ट जान कर, ज्ञान मिला है आज खरा ।।

लीला उसकी नहीं जान कर, गीला करते आये हैं ।
सत्य कथा का सत्य आज जान कर, मन ही मन शरमाये हैं ।।

◎ **Devotees :** *At the conclusion, the devotees said, thanks to Shrī Satya Nārāyaṇ, thanks to Nārad muni, thanks to Vyās muni, thanks to Sashank muni and thanks to Ratnākar jī. They then said, hearing the stories of Shrī Satya Nārāyaṇ Vrat before this story, we had many apprehensions, doubts, questions and uneasyness in our mind, because we never properly understood what Shrī Vyās muni truly said in the Saknd Purāṇ. We were confused, disenchanted and our faith was shaken. We were misinformed. Having heard this new musical story, our doubts are gone, our questions are answered and our faith is firm. We are happy now.*

(अत: रत्नाकर उवाच)

साऽऽईंऽऽऽ सत्य आऽऽप हैं, स्वाऽऽमीऽऽऽ सबके आऽऽप हैं ।
भाऽऽईऽऽऽ सत्य आऽऽप हैं, माँऽऽईऽऽऽ सबके आऽऽप हैं ।।
♬ साप- म-प म-गरे-, रेगम- ग-म ग-रे सा- ।
साप- म-प म-गम-, रेगम- ग-म ग-रे सा- ।।

◎ **Ratnākar says :** *O Lord Shrī Satya Nārāyaṇ! you are our God. O Lord! you are our master. You are our brother aa well as you are our mother.*

श्री सत्य साँई

पद

सत्य नारायण पिता सुबंधु, माता दाता तथा सखा ।
प्रणाम तुमको, श्री सत्य साँई, नमस्तुभ्यं नमो नमः ।।

स्थायी

दाता मेरा श्री सत्य साँई, पालन करता है जग सारा ।

अंतरा

सत्य हमारा एक सहारा, निश दिन पाहि मम संसारा । 1
भाई हमारा अरु रखवारा, दूर करेगा सब अँधियारा । 2
सत्य साँई हैं एक किनारा, जा के अँधेरा, जग उजियारा । 3

स्थायी

x				0				x				0			
–	ध	नि	ध	प	–	म	–	ग	रे	ग	पग	रे	–	सा	–
ऽ	दा	ऽ	ता	मे	ऽ	रा	ऽ	श्री	ऽ	स	–त्य	साँ	ऽ	ई	ऽ
–	सारे	म	ग	म	म	म	–	–	ध	प	ग	मप	ध	प	–
ऽ	पाऽ	ल	न	क	र	ता	ऽ	ऽ	है	ज	ग	साऽ	ऽ	रा	ऽ
–	ध	–	ध	प	–	म	–	ग	रे	ग	पग	रे	–	सा	–
ऽ	दा	ऽ	ता	मे	ऽ	रा	ऽ	श्री	ऽ	स	–त्य	साँ	ऽ	ई	ऽ

अंतरा–1

X				0				X				0			
–	म	प	ध	रें	–	सां	–	–	रेंनि	ध	प	नि	–	नि	–
ऽ	स	त्यं	ह	मा	ऽ	रा	ऽ	ऽ	एऽ	क	स	हा	ऽ	रा	ऽ
–	धध	ध	ध	प	–	म	–	–	गरे	गप	ग	रे	–	सा	–
ऽ	निश	दि	न	पा	ऽ	हि	ऽ	ऽ	मम	संऽ	ऽ	सा	ऽ	रा	ऽ
–	ध	–	ध	प	–	म	–	ग	रे	ग	पग	रे	–	सा	–
ऽ	दा	ऽ	ता	मे	ऽ	रा	ऽ	श्री	ऽ	स	–त्य	साँ	ऽ	ई	ऽ
–	–	ऩि	ध़	रे	–	सा	–	–	–	सा	सा	म	–	ग	–
ऽ	ऽ	साँ	ई	दे	ऽ	वा	ऽ	ऽ	ऽ	साँ	ई	दे	ऽ	वा	ऽ
–	–	ग	प	नि	–	नि	–	–	–	रें	सा	सां	–	सां	
ऽ	ऽ	साँ	ई	दे	ऽ	वा	ऽ	ऽ	ऽ	साँ	ई	दे	ऽ	वा	ऽ

www.ingramcontent.com/pod-product-compliance
Lightning Source LLC
Chambersburg PA
CBHW081121080526
44587CB00021B/3696
* 9 7 8 1 8 9 7 4 1 6 8 3 9 *